Work Style Reform 2.0 for Female Managers

女性マネージャーの働き方改革2.0

「成長」と「育成」のための

処方箋

法政大学ビジネススクール教授
高田 朝子

生産性出版

はじめに

「働き方改革のため、営業時間を短縮します」という表示を街で見かけるようになりました。多くの人が、いままで享受していた便利さは人の手によるものだということを実感するようになったのではないでしょうか。

働き方改革の後ろにある厳然たる事実は、人口減少による人手不足です。私たちの国の社会システムをつくり上げている大部分は、物理的な人の手で成り立っています。人手不足は私たちの生活に、じわじわと影響をおよぼしはじめています。

「働き方改革」と「女性活躍推進」の流れは、実は根底が同じです。人口減少の傾向に気がついた政府や企業が労働人口を確保しようと、さまざまな手を打ちはじめたことによります。その中での中心的な施策が、いままで重視してこなかった女性たちに、もっと働いてもらおう(政府はすべての女性が輝くという秀麗な言葉で言い換えていますが)という「女性活躍推進」でした。

当初、政府、企業そしてマスコミはこの流れを「女性活用」という言葉で表現していました。「活用」の本来の意味は「うまく使うこと」です。有史以来、日本は女性が政治や経済の中心でマジョリティだったことはありません。「活用」は意思決定の根本的なところは男性が握り、女性をうまく使って人手不足を乗り切ろうという意図がストレートに出ている表現だったかもしれません。

この言葉は２０１３年後半から「女性活躍推進」という言葉に取って代わります。２０１３年は一つの分岐点でした。この時期を契機に、働き方改革という言葉も新聞紙面を多く飾るようになります。

そして、政府は「日本再興戦略」と題して女性の力を「日本最大の潜在力」と呼び、女性の力を引き出すことを政策の目玉とします。女性が戦力となって働くためには、働き方そのものも変えないといけないと、長期労働の是正に舵を切ったのです。これは、日本をこれまで支えてきた、「おじさんコミュニティ」が終焉に向かうことを意味しました。もちろん、すぐには変わりませんが。

「おじさんコミュニティ」は、日本社会の絶対的なマジョリティです。いまなお根強い力を保っています。長期雇用が前提であった日本に適応してできた集団です。その構成メンバーのほとんどは、似たようなバックグラウンドを持った男性たちです。長時間一緒にいることによって、組織に対する凝集性が非常に高く保たれている集団でした。会社は実の家族よりも長時間一緒にいる場所でした。

このコミュニティに女性が入るのは非常に困難で、男性と同じような働き方ができるごく少数の女性だけが、メンバーになることを許されてきました。「おじさんコミュニティ」全盛時代の女性マネージャーたちを「女性マネージャー1・0」とします。彼女たちは文字通り先駆者で男性と同様に、いやそれ以上に長時間労働をこなし、現在の女性マネージャーの礎をつくってきました。

この10年間、政府と企業は「長時間労働の是正」や「ダイバーシティの推進」など、家庭を持つ女性も社会に出て働き、昇進するという、いわば定番ルートをつくろうと奮闘してきましたが、肝心の女性たちは思ったようにこの施策に乗ってきませんでした。「女性活用」しようにも、柔らかく拒絶されることが多かったのです。

人間は多くの場合、自分にとってプラスになるものがないと態度を変化させません。この視点から考えると、いくら政府や企業に旗を振られても、彼女たちには昇進の旨味がないということになります。企業はさまざまな仕組みや制度をつくり、女性たちへのサポート体制を整えようとしています。

しかし、依然として男性と同様の昇進トラックでレースに参加しようと手を上げる女性は、そう多くはありません。２０１９年に「女性活躍推進法」ができ、企業には女性管理職比率などの数値目標と実績の公表が求められることになりました。実績づくりのために「エイヤー」と女性たちを昇進させたと揶揄されることも、ちらほら聞かれます。

女性マネージャーの育成は、社会にとっては急務です。そして多くの女性たちが実力を発揮し、活躍することは人口減少の中で不可欠です。

しかし、旧来の「おじさんコミュニティ」を所与条件として、それに合わせる働き方では長続きしませんし、人々にとって旨味もありません。誰かが無理をして何かの形に合わせると、必ず歪みが生まれます。小さな歪みが積み重なると組織全体の形を歪めていきます。個人が何かのパターンや人の思惑通りの役割を演じるのではない、その人なりの自然体の働き方をすることこそが、長く続くコツです。

多くの女性マネージャー、多くのビジネスパーソンが無理のない自然体の働き方をする。本書を通じて、そのヒントを手に入れていただければ幸いです。

令和元年9月28日　那覇からの全日空の機内にて

高田　朝子

目次　女性マネージャーの働き方改革2・0

第2章

なぜ、女性の育成がむずかしいのか

第3章

第4章

第5章 組織で女性たちを育てる

第6章 女性が腹をくくれば、働く環境は好転する

第１章

「女性マネージャー」の増加に戸惑う現場

1 「女性を昇進させよう旋風」と現場の戸惑い

最近、女性がらみの話題がますます多くなっていると感じませんか。

2012年からはじまったアベノミクスで、女性活躍が政策の主幹の一つに置かれました。「すべての女性が輝く社会」という言葉が多くの政策に散りばめられています。ある種のブームのようです。テレビをつけても、新聞を読んでも、ネットを眺めても、「女性を何とかして社会の中で主流に乗せよう」と、さまざまな取り組みが急速に進んでいることを実感しています。個人的には、何ともとってつけた印象がぬぐえないのですが——。

そして最近、ここに加わったのが、働き方改革です。「働き方改革」が、新聞に最初に載ったのは、2003年です。当時の女性知事4名が女性の視点から「男性の一人稼ぎ社会」から「老若男女共同参画社会」に変えようという政策提言を行いました。

その後、出生率減少と同時に徐々に話題に上がるようになりました。2019年4月に施行された働き方改革関連法では、労働時間の短縮や仕事と生活の両立、多様な就業形態の普及などが謳われ、「女性を昇進させよう旋風」をジェット気流に乗せようとする新たな作戦が加わったのです。

一方で女性たちはどうかと言うと、この時流に乗ろうとギラギラしているというよりも、客観的に事態を眺めているように見えます。私の教えているビジネススクールの教室でも、「会社の女性に対する期待が高すぎる」であるとか、「いままで散々昇進させないでおいて、いまさらマネージャーと言われても」と、あきれる人や「女性活躍の波の中でも直属の上司の方針は、『女の子にこんなキツいことをさせられない』ということで、機会を与えてもらえないからあきらめている」などと、総じて冷ややかです。

内閣府の行った仕事の満足度についての調査[※1]（２００９）において「自分の仕事に満足している、どちらかと言えば満足している」と答えた正社員の女性は59・７％でした。９年ほどたって行われた同様の調査（２０１８）では、「満足している、まあ満足している」と答えた女性が44・8％に留まります。いままで企業社会において、あまりケアされてこなかった中での突然の「女性を昇進させよう旋風」に、現場の女性たちが戸惑う様子が数字から見て取れます。

男性も同じように戸惑っているようで、前著『女性マネージャー育成講座』を出した２０１６年から１年ぐらいの間に、何人かの50代以上の男性から同じような主旨の質問を受けました。「会社でも女性活躍と言っているけれども、これはいつまで続く流れなのか？」と。

いままで男性優位の日本社会をひた走ってきた中で、突然、会社も社会も女性を昇進させようとか、主要な部署に女性を入れようという流れができて、戸惑い、その流れの本質を知りたかったのだと思います。本音は、

「女性が輝く社会と政府や企業は言っているけれど、これはいつも繰り返されてきたポーズだろう？　いつまで続くことやら？」

ということでしょう。この質問に、

「この流れは止まらないと思いますよ。人口減少で人手が足りなくなります。人口減少は移民を受け入れない限り、劇的には変化しません。日本は歴史的に見て、移民をすぐに受け入れることはむずかしいでしょう。子どもを産みやすい社会をつくることは基本ですが、即効力がありません。よって、女性が主流に入ってくる流れは止められません。このままでいくと、マネジメント人材もいなくなります」

と答えると、多くの人が鉛を飲み込んだような顔をしていたのを思い出します。ときが流れ、いまではこの種の質問をする人がほとんどいません。働き方改革が政府から提唱されたからというよりも、人口減少、人手不足を肌で感じるようになっているからです。

女性管理職は増え続けている

平成の30年間で「約5倍」という数に

「女性を昇進させよう旋風」のおかげもあって、平成の30年間で課長職以上の女性管理職数は、約５・６倍になりました。１９８９年(平成元年)に２・０％だった課長職に占める女性の数は、次ページでもわかるように２０１８年(平成30年)には11・２％です(内閣府「男女共同参画白書」令和元年)。数字というものは、表し方によって受け手の印象が変わり、女性管理職の比率も、よく言えば、平成は30年間で約5倍になったと表現できますし、シビアな見方をすると、これだけ大騒ぎして政府と企業が管理職養成に取り組んでいるのに、管理職10人中１人しか女性はいないということにもなります。

政府は２００３年に、２０２０年度までに「指導的地位に女性が占める割合が少なくとも30％程度になるよう期待する」(次世代育成支援対策推進法／２００３)いわゆる「ニイマルサンマル(２０３０)」と言われる数値目標を示しました。結果としてこの目標は、達成できない見込みが極めて高い。もともとこの目標数字は理想で、実現困難な数字を出しておいて、注意を喚起する意図だったのかもしれません。

また、図表１－１の令和元年度（２０１９）、男女共同参画白書からみた女性管理職の推移で着目すべきは、係長の数の増加です。１９８９年（平成元年）に４・６％であった係長級の該当者が、２０１８年（平成30年）には18・３％にまで増加しました。係長数は課長数よりも多いのが一般的ですから、数で見れば非常に多くの女性が、管理職手前にいることになります。

内部昇進が多い日本の会社では、ヘッドハンティングなどの転職以外では、いきなり課長や部長になることも稀です。まして、係長が課長を飛び越して、いきなり部長になるこ

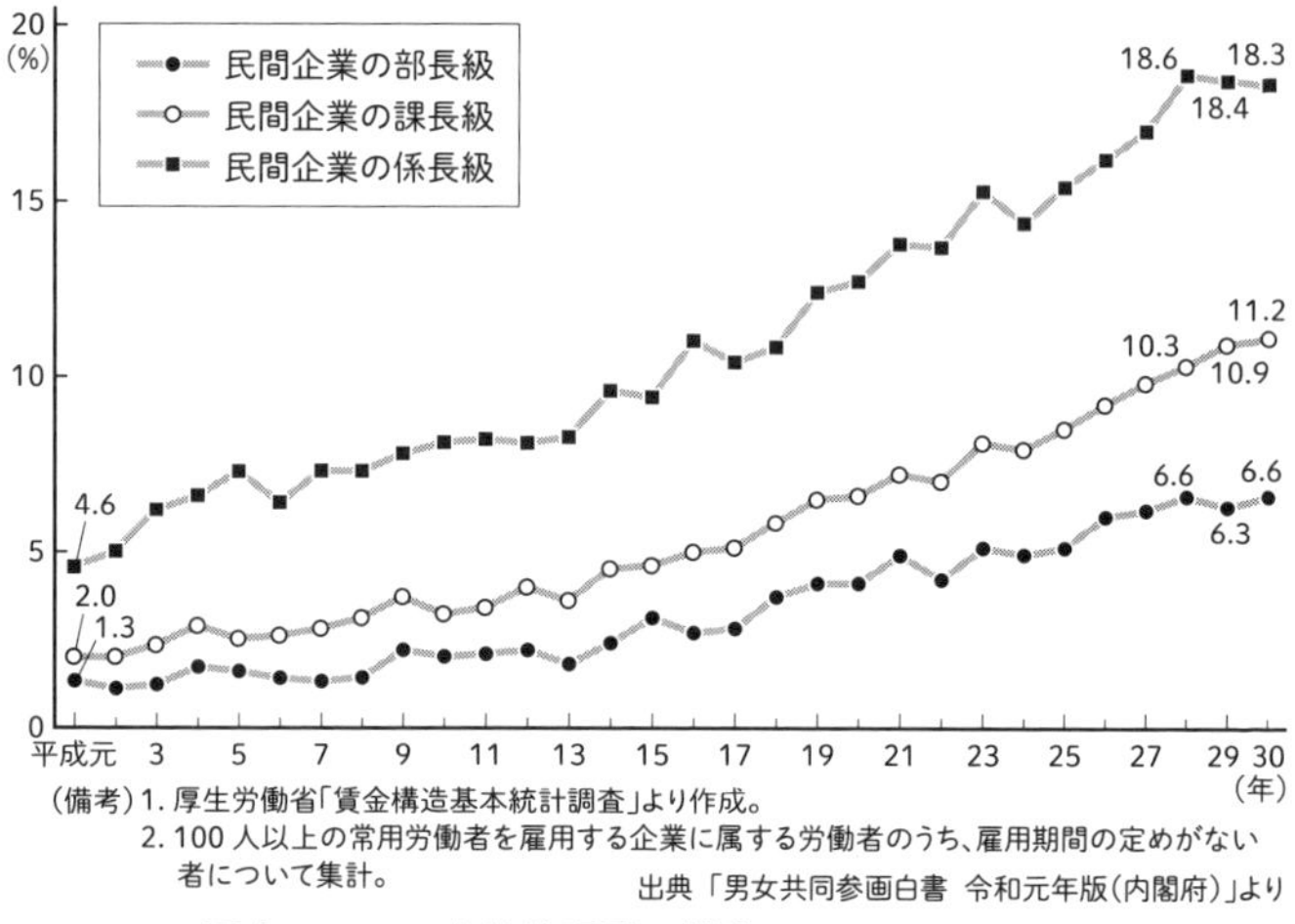

(備考) 1. 厚生労働省「賃金構造基本統計調査」より作成。
2. 100人以上の常用労働者を雇用する企業に属する労働者のうち、雇用期間の定めがない者について集計。

出典「男女共同参画白書 令和元年版(内閣府)」より

図表１－１　女性管理職の推移（内閣府データより）

とは、同族会社や従業員が少ない会社ならまだしも、あまり見られる事象ではありません。つまり、女性課長の数を増やそうと思ったら、その前の係長級を増やさないといけないですし、部長の数を増やそうと思ったら、課長の増加が必要になります。

日本は女性管理職育成に、ようやく重い腰を上げました。少しずつ変わろうという兆しを見せています。その一歩として係長の育成に積極的に踏み出したというのが、平成30年間の女性管理職についての率直な評価でしょう。

「女性を昇進させよう旋風」のきっかけは人口減少

出生率は落ち込むばかり

この一連のできごとは、なぜ発生しているのでしょうか。

部長以上の指導的役割についている女性は10％程度。依然として男性が決めている社会と言ってもいいでしょう。ですが、政府、企業、団体の主要施策を決める男性たちが突然、目から鱗がおちてリベラルになったのか。いいえ、そうではありません。考えてもみてください。日本は有史以来、男性のみが政治や経営の中心にいた国です。急に完璧な方向転換をすることは理屈から考えてもむずかしい。人間は変化に時間がかかる生き物だからです。ひと言で言えば、人口減少がその最も大きな原因です。これでお尻に火がついたと言ってもいいでしょう。1974年まで日本の合計特殊出生率は、2・0をキープしてきました。これは1人の女性が生涯で2人の子どもを出産していることを意味します。夫婦に子ども2人という形が、高度成長期の家族の形のスタンダードでした。

昭和の時代から、家族のシーンが多いアニメは、子ども2人が基本形という姿で描かれます。「巨人の星」の星家しかり、「ちびまる子ちゃん」のさくら家、「天才バカボン」のバカボン家しかり。「クレヨンしんちゃん」の野原家も4人家族です。

子ども2人と夫婦という標準家族は(星家はシングルファザーなので違いますが)、漫画の世界では健在でしたが、実際には1975年以降緩やかに減少を続け、1989年に1・57であった出生率は、2005年には1・26まで落ち込みます。慌てた政府は2007年に特命担当大臣として少子化対策担当を設置しました。

この頃から政府の発表する文章に「働き方改革」という言葉が使われるようになります。その後、出生率が2018年には1・42まで回復しましたが、フランスが1・92(2016年)、アメリカ1・82、英国1・78など、1・7～1・9の間を維持している諸

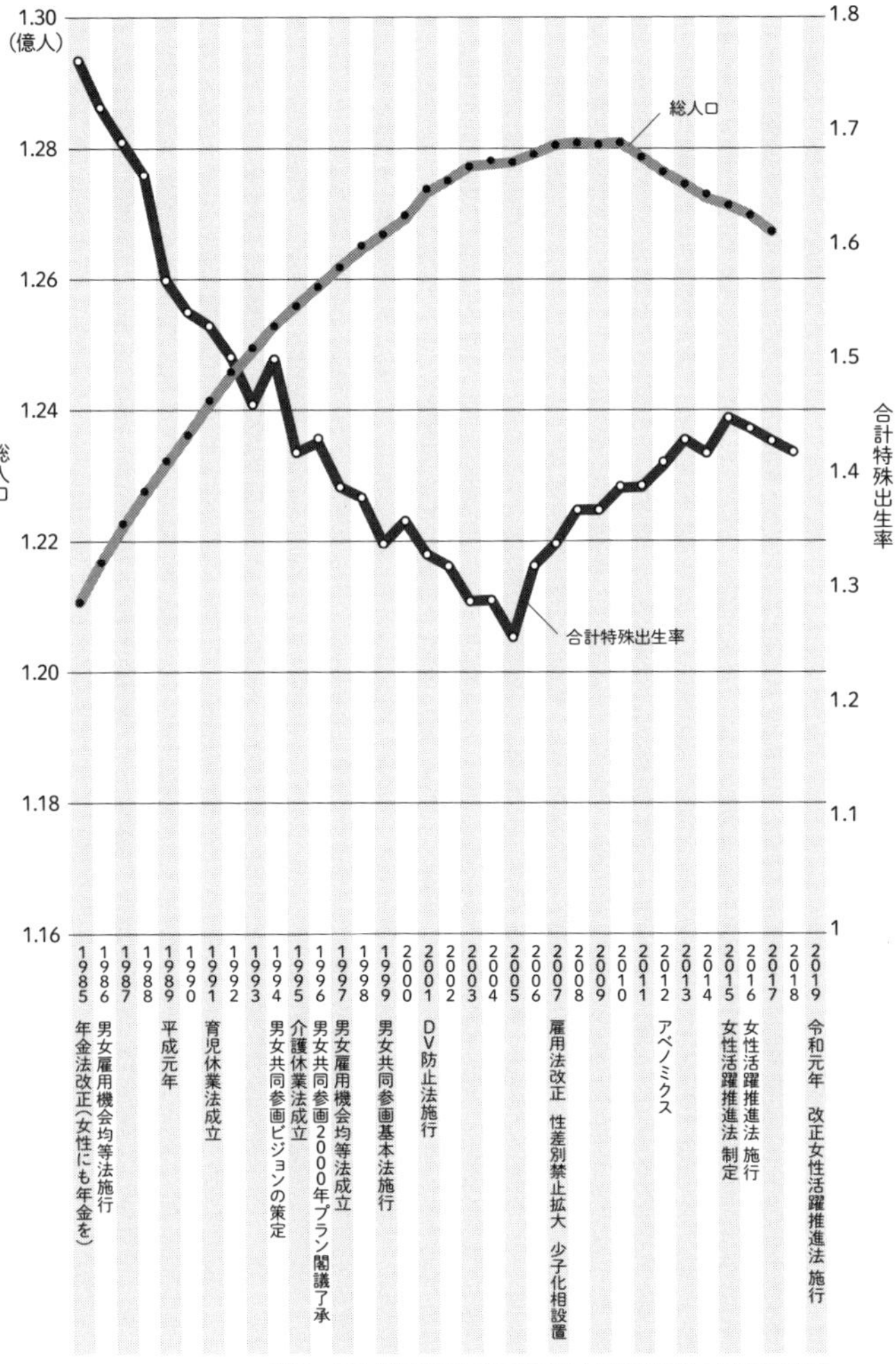

出典　厚生労働省「平成 30 年度 人口動態調査」より著者加工

図表１－２　「人口」「合計特殊出生率」と女性関連のできごと

外国と比較すると、日本が先進国の中できわだって、人口減少が問題であることは言うまでもありません。

日本の人口は確実に減少しています。それはいままで維持してきた社会システムが、このままでは維持できなくなることを意味します。私たちが誇る便利なサービスのほとんどは、人手が必要なものです。荷物を日本中どこにでも確実に丁寧に届けるサービスも、街の安全を守る交番も、至れり尽くせりのデパートかショッピングモールも、人手がなくては成立しません。

ものづくりの現場も、知識創造の世界も、多くの人間を必要とします。これらのシステムが人口減少の中で立ちゆかなくなる時代が、すぐそこにあるのです。

もっと言うと、人口が減れば、働いて税金を払う人が減ることになります。税収も減りますし、国として社会基盤やインフラにまわせる財源が減少することにもなります。

前著でも示しましたが、日本企業が女性活躍を声高に言い、女性関連の専門部署を一斉につくりはじめたのが、２００４～２００８年までの間です。つまり、出生率の低下が著しく、今後の人口減少が確実になってきたところで、慌てて手を打ちはじめたというのが正直な話だと思います。

ときを同じくして働き方改革という言葉も２００５年からときどき、紙面を飾りはじめるようになります。

人口減少の流れの中で、いままで通りの社会インフラや社会システムを維持しようとすると、否が応でもいままで主要な働き手としてカウントされていなかった女性がキーワードにならざるを得ない。人口増加のためには二つしか方法はありません。もっとたくさん子どもを産んでもらうか、移民を積極的に受け入れるかです。出産を急激に増やすのは現実的ではありません。移民を積極的に受け入れるにもまだ時間がかかります。最も重要なことは、多くの女性が子どもを産み育てやすい社会をつくり、女性たちに戦力になってもらうことです。

これなしには、私たちの将来はありません（現状、まったく生みやすく育てやすい社会ではない）。子どもはすぐには生まれませんし、ましてや育ちません。人手不足はかなりの期間において続きます。日本が新しい形に変わっていく一つのプロセスだと、とらえた方が正しい。今後女性が働き続け、男性と同様に昇進し、責任ある立場につく流れは、加速度がつくはずです。

終焉に向かう「おじさん中心」社会

団結力のシンボル「似たもの同士」は過去のもの

日本企業は大企業であればあるほど、似たような男性たちの集合体でした。日本企業の産業別平均における男女の正社員比率は、25年間で7対3※2でした。最近、女性活躍推進の波に乗って女性の正社員比率が上がってきても、65対35程度です。産業によって比率の差異はありますが、平均値をとると男性の正社員が7割の男社会です。

これには、からくりがあります。入社の段階で男女の比率をある程度コントロールしているのです。多くの会社では男性の新入社員を圧倒的に多く採用していました。もっと言うと、すべての試験の中で、最も恣意性を発揮してなされるのが、入社試験です。長く働くのが前提の中で、「この人はわが社にあっているか」「この人と一緒に働きたいか」が多くの場合、選抜の基準です。

個々を見るとそれぞれ違うキャラクターを持った人材ですし、個性的な人材も多く採用しているのかもしれません。しかし、会社によってある種の傾向があることは否めない。

そもそもエリートと呼ばれる人たちは、似たような教育を受けて、似たような社会的階層から産出されることが多いために、もともと共通点が多い。彼らが企業の中でさまざまな経験をすることによって、その会社のカラーに染まります。

「あいつは、ようやくウチの会社っぽくなってきた」

　と言うのは、中堅社員に対する褒め言葉として使われてきました。企業は似たような経歴を持った、似たようなタイプが集まった男性の集合体をつくり上げることになりました。似たような男性がたくさんいるということは、集団の団結とか調和を保つといった場面で功を奏してきました。

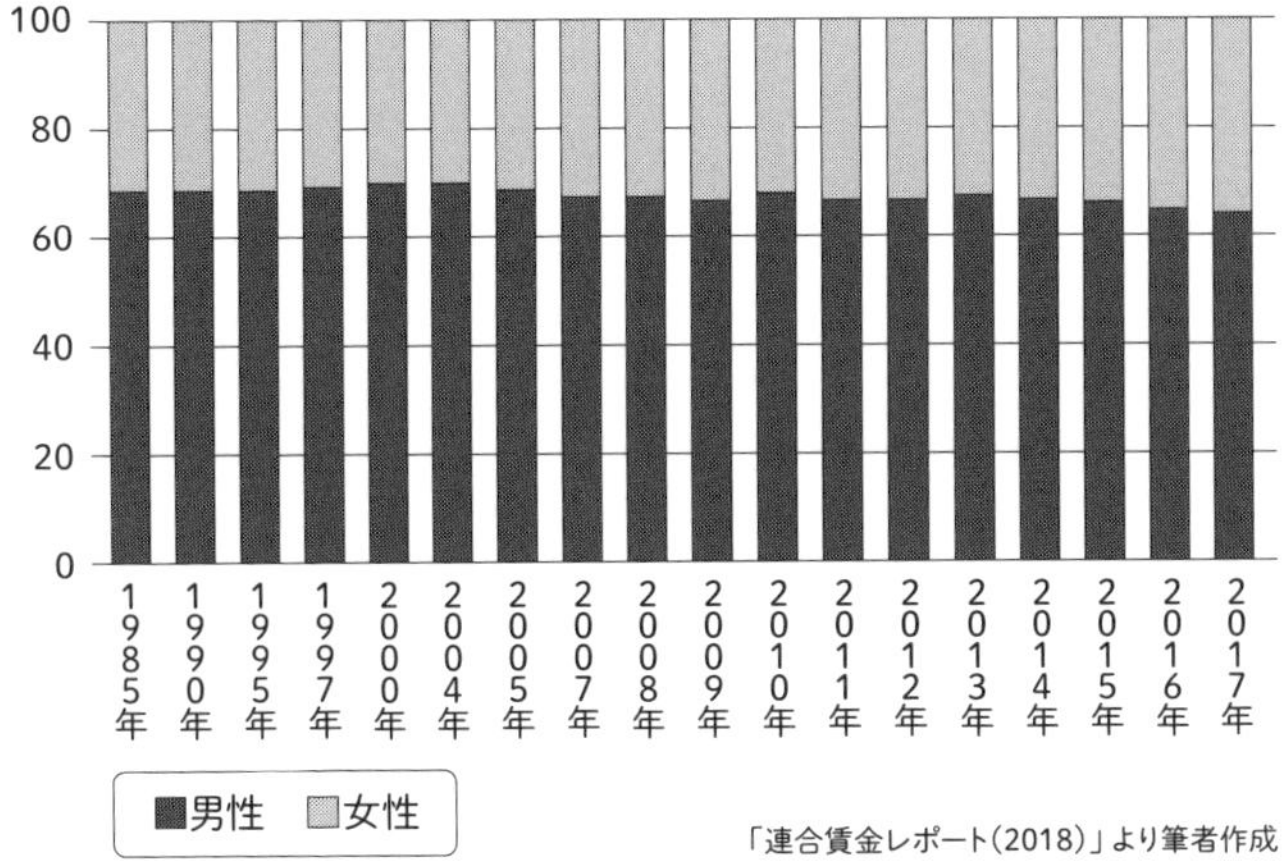

「連合賃金レポート(2018)」より筆者作成

図表１－３　正社員男女比率（産業平均）

この種の似たもの社会では、阿吽《あうん》の呼吸とか、察するとか、一糸乱れぬ、というような言葉が大事なキーワードになります。似たもの同士は察しやすいですし、どのように次に進みたいのか、と推測するのは容易です。意思伝達も余計な気を遣わずに、ストレートに自分の思いが相手に伝わりやすい。

似たもの採用は、非常に合理的な採用の仕方でした。自分たちの好みに合う学生を採用することによって、集団の特性を長い時間をかけて強化することが可能でした。何より社員の多くを占める男性たちがお互いを理解しやすく、コミュニケーションが取りやすかったのです。

社会が同じ方向に強力に突き進むときには、この種の集合体は機動力を発揮し、非常に有効でした。しかし、現在のように多様性の担保が企業の競争力の重要部分を占めるようになった時代には、昔ほど効力を発揮できなくなりました。

その意味で日本はいま、多くの企業が最も苦手としてきた多様性の確保に取り組まざるを得ない環境になっています。インターネットをはじめとするＩＴ技術の進化で世界の国境の壁が薄く低くなったこと、生き残るためには国際化が不可欠になったことなど、経営環境の変化は劇的でした。機動力はあるけれども、多方向に進むことが苦手な人々の集合体である日本企業に、変化の必要性を痛感させたのです。そして、人手が足りません。いままでの「似たもの同志のおじさん」社会では立ち行かなくなっているのが現状です。

本気で「女性マネージャー」を育てなければならない
いまや管理職にとっての必須事項に

このような環境の中で、最初に着目されたのが女性です。少なくとも同じような教育を受け、同じ国の文化の影響を受けている女性たちは、多くの日本企業が持っている手札の中で、最も現状と親和性が高いと考えたのだと思います。下衆の勘繰りをするならば、日本における日本企業にとっては（海外の事業所の話は別）、外国人よりも日本人女性の方がより使いやすかったという一面もあるように思います。

さらに似たもの同士のおじさん社会の発展にとどめを刺した形になったのが、２０１６年からの女性改革推進法（10年の時限立法）でした。国が人手不足に対して、本格的に手を打ちはじめたとも言えます。従業員３０１人以上の企業に対して、女性登用に関する現状の開示と、今後の数値目標、そして行動計画の策定と公表が義務づけられたのです（３００人以下は努力義務)。企業が腰を据えて女性マネージャーを育成していくことが、既定路線となりました。

女性マネージャーの数は確実に多くなり、彼女たちをどう育成していくのかについては、多くの管理職がいろいろ知恵を絞っているのが現状です。3年前には他人事であった女性マネージャーの育成は、いまや多くの管理職にとっての必須事項となり、日本中で試行錯誤が繰り広げられています。

働き方改革推進で注目されはじめた「女性マネージャー」

ステージは「1・0」から「2・0」へ

そして追撃の形になったのが、2019年4月施行の「働き方改革関連法」です。人口減少が深刻化し、成熟期から老成期に急激に向かっている日本では、小手先の対応だけでは社会システムが回らない状況になっています。長年、指摘されてきた日本企業の長時間労働と生産性の低さに対して、狙い撃ちで是正を求めてきたのです。

本法案は働き方そのものを強制的に変えて、環境変化に対応することが目的です。もちろん、完璧な法案ではありませんし、企業にとっては体のいいコストカット策になっている側面も否めません。しかし、その主旨は長時間労働の是正を主軸に、働く場所や時間などの多様な就業状態の確保など、いままでの「おじさん中心社会」に風穴を開けようとするものです。今後の「女性マネージャーの働き方」についても追い風になると言えます。

働き方を変えるためには事業の洗い出しをしないといけません。何が必要で何が不要なのか、選択と集中を行うことが不可欠になります。人々への評価方法の変更も不可欠です。似た者同士の「おじさん社会」の忖度で成り立っていた部分を、誰もが可視化することが求められます。いずれにせよ、「おじさん社会」からの脱却に、ようやく遅い一歩を踏み出したのと言えます。

１９８５年に「男女雇用機会均等法」が施行されました。この施行時期から安倍政権の成長戦略として女性活躍推進法が施行された２０１６年４月から２０１９年までが女性マネージャー育成の「バージョン１・０」だったと言えます。たくさんの試行錯誤があり、女性たちは汗を流しながら、男性中心の組織で権利を勝ち取り、居場所を確立してきました。先人たちの努力には頭が下がります。そして、働き方改革がはじまった令和では、自分らしく社会で活躍できる社会をつくる「バージョン２・０」に向かうことになります。

2 「ややこしくなった育成」と「ミスマッチが続出」

男性中心社会の日本で、「女性を昇進させよ」の旋風が吹き荒れたために、さまざまな事象が発生しています。これは過渡期であるがゆえの混乱で避けられません。それでも困惑しているビジネスパーソンは、非常に多いように思います。

そして女性たちも、この事態にどう対処するのか、覚悟を決めかねているように見えます。それぞれの思いが交錯し、実にややこしい事態になっているのが現状ではないでしょうか。事態をややこしくしている事象を少しあげてみましょう。

相変わらず「昇進したくない症候群」

なかなかモチベーションが上がらない

女性マネージャー育成に企業が舵を切ったときに、最初に当たった大きな壁が、「昇進したくない症候群」と本書で呼ぶところの女性たちの存在でした。最初から昇進の可能性が少なかった、いわゆる事務職の女性ではなく、男性と同様に働くということで入ってきた総合職の女性たちが、「昇進を希望しない」と答えたのです。

これは企業にとって、もっと言うならば、「すべてのビジネスパーソンは昇進するもので、本人たちも昇進したがっているものだ」と思ってきた男性たちにとって、困惑以外の何物でもありませんでした。

しかし、昇進したくない症候群の罹患者は、現状では女性のみならず若い男性も含めて多く存在します。

大和総研※3（２０１８）の調査によると、管理職に就いていない総合職女性の71・２％が昇進を希望していません。総合職男性で昇進を希望しない者が44％ですから、男性と比較して、猛烈に多いことがわかります。なお、この昇進したくない症候群の男性の数は、過去の高度成長期の頃と比較すると極端に多くなっていて、こちらに対しても驚きを覚える者は多いかと思います。

21世紀職業財団※4（２０１８）の「女性活躍状況調査」では、女性全体（ｎ＝２３００）のうち「管理職になりたくない」と応えた女性は51・２％、「考えたことがない」は14・６％です。「指名されればなりたい」の27・７％と、「なりたい」の６・６％の二つを足した34・３％よりも圧倒的に昇進したくない女性が多かったのです。

労働・政策機構（２０１３）の調査で、昇進したくない理由として「責任が重くなる」「仕事と家庭の両立」「自分には能力がない」などの理由があげられました。

多くの女性が持つ昇進に対するモチベーションの低さは、女性活躍推進の流れの中で、解決策を見つけなくてはいけない大問題の一つとなっています。

その後、企業は育休・産休の整備やメンターの実施など、働きやすい環境の実施に躍起になりましたが、いまだに管理職昇進を積極的に好まない層は、多数存在します。

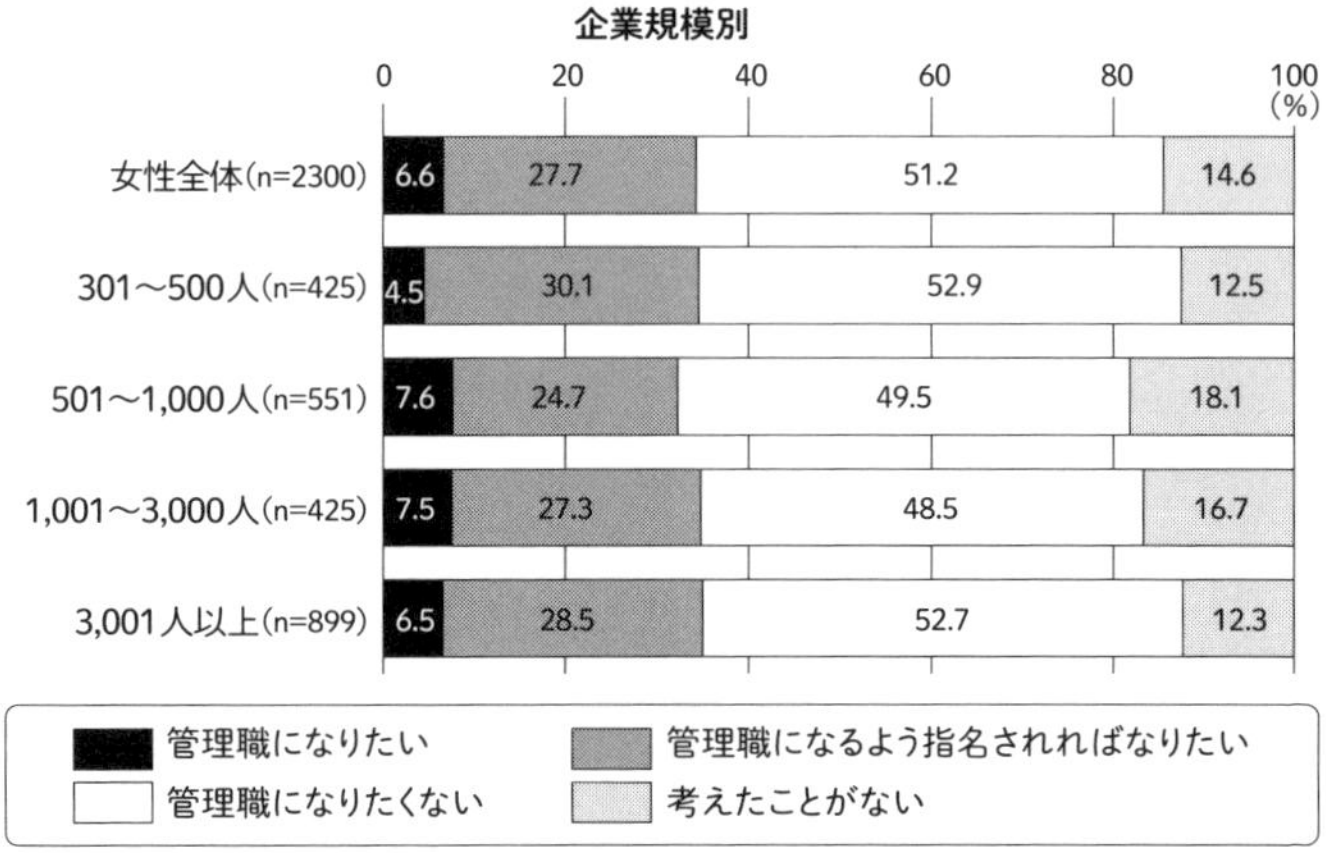

出典　21世紀職業財団（2018）「女性活躍状況調査」より

図表１－４　女性が管理職になることについての調査

一般従業員調査（複数回答）

	300人以上				100～299人			
	男性		女性		男性		女性	
	一般従業員	係長・主任	一般従業員	係長・主任	一般従業員	係長・主任	一般従業員	係長・主任
メリットがない、または低い	41.2 (%)	50.3	22.9	27.8	45.9	49.3	24.3	32.2
責任が重くなる	30.2	38.8	30.4	35.2	26.3	37.0	24.8	36.7
自分には能力がない	27.6	29.1	26.0	33.9	23.3	28.5	22.7	24.0
やるべき仕事が増える	24.6	27.8	14.5	18.6	21.6	25.8	11.5	17.8
仕事と家庭の両立が困難になる	17.4	19.7	40.0	42.5	10.4	18.4	32.8	35.5
もともと長く勤める気がない	9.0	4.6	9.7	5.1	11.2	7.9	8.9	5.3
自分の雇用管理区分では昇進可能性がない	6.2	7.4	23.1	14.1	9.9	9.9	25.7	14.2
やっかみが出て足を引っ張られる	3.4	4.3	3.6	3.7	4.0	2.7	2.8	3.3
定年が近い	2.2	5.2	1.9	1.8	2.7	3.0	1.6	3.8
家族がいい顔をしない	1.2	1.1	1.8	2.6	1.2	3.3	1.3	2.7
周りに同性の管理職がいない	0.3	-	24.0	17.1	2.2	1.1	28.3	19.8
その他	10.1	7.6	6.9	6.5	9.4	9.3	6.9	5.9
特に理由はない	11.9	10.2	6.8	4.5	12.7	10.7	10.4	10.9
無回答	0.7	0.2	0.4	0.3	0.5	0.3	0.5	-
合計	(597)	(461)	(1,985)	(651)	(403)	(365)	(1,284)	(338)

※「昇進を望まない理由」とは、「課長以上への昇進を望まない理由」である。役職の「その他」の集計は割愛。

出典　労働・政策機構（2013）「男女正社員のキャリアと両立支援に関する調査」より

図表１－５　一般従業員が昇進を望まない理由

「ただ乗り女子」と「ディプレス男子」が登場

本人の力量とは別次元で起こる不思議な事象

ここ10年で起きた急激な環境変化で、「女性の時代」だの「女性活躍」だのと女性たちはハシゴに乗せられました。そして、とどめの働き方改革で、多くの女性たちは、いままでいたフロアから、考えたことのなかった一つ上のフロアに移動するように仕向けられました。その動きの速さに、女性たちが腹をくくり切れていない、という一面もあるでしょう。

すべての女性たちが昇進をキャリアゴールにおいてきたわけではありません。「女性マネージャー育成1・0」を経験したり、見たりすると、昇進と責任を取ることとの狭間で生活することに積極的になれない女性や、自分には仕事と家庭の両立がむずかしいと、最初から挑戦する気持ちを持てない女性が多くなります。

一方で「女性を昇進させよう旋風」のフォローウィンドを上手に使っている女性たちも多くいます。それはすばらしいことです。長い間、女性の昇進はアゲインスト(逆風)でしたから、ここで少し風に乗ったところで、何も悪いことはありません。

しかし、最近はこの風を利用した「ただ乗り女子」が増えているという話を聞きます。昇進させようとする会社の意向に乗って、昇進をする。本来であれば同時に実力を上げる努力をするはずが、その点はあまり熱心ではない。

ポジションの求める力量と本人の力量とのギャップが大きくて、「仕事ができない管理職」と周りに認知されてしまう。本人の力量が足りないところを周囲が助けなくてはいけないので、非常に手間がかかり、周りがストレスを溜めていく。これが最近耳にする「ただ乗り女子」の実態です。

次に、女性が昇進レースに加わるということは、ポストが争奪戦になることを意味します。女性マネージャー実現の数値目標が出されていることから、昇進レースの際の競争激化の問題は切実です。ビジネススクールの教室でも、仕事柄、お目にかかる企業の人事部のみなさんからも、「女性活躍の数値目標がある以上は仕方がないことだけれど、男性の士気が上がらない」であるとか、「逆差別だ」などの声が聞こえてきます。

すべてに平等と言うのは不可能ですし、いままで男性優遇できたのだから大騒ぎするほどのことではない。そのように部外者としては思うのですが、当事者はやるせないのでしょう。確かに、女性の昇進にかかわることを表立って反対しにくいというのは非常によくわかります。「女性を昇進させよう旋風」に真正面から直撃された「ディプレス男子(depressed／落胆した)」が発生し、これも事態を解決困難にしています。

「女性を昇進させよう旋風」に乗って女性たちが昇進する。「すばらしいことですが、なんだかモヤモヤする」という感想も多く聞きます。これは昇進の判断基準が曖昧な場合が多いからです。よく考えると、そもそも企業の昇進の判断基準というのものは、男女ともに明確でない場合が多いのです。しかし、「女性を昇進させよう旋風」の中での昇進は、ただでさえ注目度が高い。注目している人が増えれば増えるほど、その昇進にモヤモヤ感を覚える人も多くなります。

「叱る」ことを極端に恐れる上司

「ハラスメント疑惑」をかけられないために

「女性を昇進させよう旋風」の煽《あお》りを上司たちも受けています。全体に女性を押し上げようとする雰囲気の中で、それに反することを言葉にするには勇気が必要です。自分が時代に逆行して、「女性活躍の足を引っ張る上司」と烙印《らくいん》を押されてしまうのではないかという不安、女性に対するハラスメントと思われないかという恐怖の二重の思いが、女性の昇進や行動に関して自分の主義主張や考えを実直に述べることを躊躇させる。この種の話は授業後の集まりやオフィスを離れた集まりで、必ずと言っていいほど、男性上司や女性上司から聞かれるぼやき声です。

加えて2019年5月に「ハラスメント規制法案」が成立しました。今後、ハラスメントの防止対策がより整備され、強化されます。これはすばらしいことだと個人的には思います。年々、増加するいじめや嫌がらせを含む各種ハラスメント案件の増加は、ビジネスパーソンの職場環境を致命的に悪化させるものですし、そもそも人を故意に悪意を持って傷つけるのはあってはならないことです。

個人的には、幼い頃いじめで悩んだ経験があるので、いじめの恐ろしさ、残酷さ、そして無力感については承知しているつもりです。受けるダメージについても十分に承知しています。だいたいの政府方針には疑問を持つのですが、本件に対しては強く支持します。

一方で、ハラスメントは片方の不快感の有無が基本となります。部下を上司が強く叱ったときに、部下がパワーハラスメントだと感じれば、たとえ部下のミスが原因であったとしても、ハラスメントと言われてしまいます。個人的には怒鳴る、威圧するといった行為は教育的な指導ではなく、単なる機会損失です。まったく賛成しません。一方で「ハラスメント規制法」は、ある種の逆機能ももたらしました。

つまり、上司、特に男性上司にとっての女性部下は、その昇進に反対すれば「女性活躍に反する奴」と言われ、強く叱ればパワハラと言われる可能性を持つややこしい存在になってしまったのです。ですから、面倒だから女性マネージャーの育成に真剣には取り組まない。女性たちは、男性上司から必要な教育的指導が受けられないことになります。

三重苦の環境にある女性マネージャーの育成

決して状況はバラ色ではない

現状では女性マネージャーの育成環境は、決してバラ色ではありません。人手不足から待ったなしで昇進や責任ある立場につくことを求められる。しかし、きちんとマネージャー育成のための教育がされているかと言うと、その時間がない。上司もおよび腰です。団塊の世代の大量退職がはじまっているので、恒常的に人手が足りずノウハウもないのが実情です。

本来であれば長い時間をかけて、さまざまな教育がなされた上で昇進するのが日本の標準でした。しかし、上司も女性たちをどう扱っていいのかわからない。男性であれば長い経験値がありますから、それを経験則として部下を育成をしますが、女性となると別です。ハラスメントと言われることへの恐怖心から上司は腰が引けて、真正面から育成に取り組まない。

これは特に、40代以降の男性上司に多く見られる現象です。彼らは日本的な長時間労働で企業に貢献してきた（貢献しなくてはいけない環境に追い込まれていた）本流の人たちですし、そもそも働き方改革の主眼である「短く働く」ことに慣れていません。同性で味方だと思っていた「ディプレス男子」は協力的でありません。

さらに働き方改革で、長時間労働が是正されました。現状では育成の物理的な時間を減らした分を補う術が限られています。管理職としてのスキルを身につけるために女性たちは、アフターファイブまで一緒にいて、上司の観察学習をすべきだなどとは決して言えません。本人が心から望み楽しむ自信があるのならば別ですが、強要するものでは決してありません。

一方で、何らかのスキルを要求される現場では、場数を積むことが、スキルアップと直結しています。これをどのように担保していくか。実に悩ましい問題です。女性マネージャーを育成する環境は、三重苦です。時間不足、経験不足、スキル不足です。人手不足の中でお尻に火がついていて、短い時間でマネージャーとして育成することが求められている、しかも、育て方がわからない、時間がない。この三重苦が人手不足の環境とセットになって事態をややこしくしているのです。

彼女たちをどう育て、昇進させるのか、どう配置するのか。悩みはつきません。これらを受けて本書はそのためのヒントになることを願ってつくられています。現役ビジネスパーソンであるＭＢＡの学生たち、人事の担当者の人たち、そして社会人講座のビジネスパーソンの教え子たちの協力によってこの本はできあがりました。

本書はいわゆるハウツー本ではありません。読んで実行すれば、必ず女性マネージャーが育つなどという大きなことは決して言えません。そもそも女性マネージャー育成の万能薬なんて存在しないからです。

できるとすれば、この本を読むあなたが、それぞれの立ち位置で「自分ごと」として考え、咀嚼《そしゃく》し、実行し、修正していくことです。それによって会社、組織、そしてあなたなりのマネージャー育成のあり方ができあがってくると思っています。

現代は「バージョン１・０」から、「２・０」への変化の時期です。しかし、皮肉なことに人間はそう簡単には変化しないのです。

人材の育成は常に時間がかかります。これは男女という性差や年齢差、文化の違いなどを鑑みたとしても、短期間にどうこうなるものではありません。人間はコンピューターではないので、何らかの新しいプログラムをインストールしてすぐにバージョンアップするというものではないからです。

一歩一歩泥臭く理解し、自分のものにすることが必要不可欠です。プログラミングの世界で「バージョン１・０」から「２・０」にアップグレードするために多くのエンジニアの人々のたゆまぬ努力と時間が必要なように、「女性マネージャー２・０」になるためには多くの人々の努力と時間と忍耐が必要になります。

人間の学びは旅と同じです。いろいろな事象を自分で考え、やってみて、失敗し、再度工夫してやり直し、それでも失敗しながら自分なりの解決策を見つける。この一連のプロセスを経ないと自分のものにはなりません。

さて、第2章以降は、女性マネージャーやその候補者と真摯に向き合い、育成を通して、ともに成長していくためのコツを学ぶ旅に出ることにしましょう。

第２章

なぜ、女性の育成がむずかしいのか

1 なぜ、女性マネージャーに関して誤解があるのか

時短、育休産休などの働き方の仕組みは、ここ10年で急速に整ってきました。特に、働き方改革が言われ出したころから加速度がつきました。しかし、女性マネージャーの育成に対して上司側（多くの場合は男性上司）は現在、試行錯誤中で、これだという打ち手は出てきていません。考えてみると、当然のことです。日本は長い間、女性を責任のある地位に積極的にはつけてこなかったわけですから、苦心惨憺《くしんさんたん》しているのは仕方がないことかもしれません。

しかし、多くのビジネスパーソンに聴き取り調査をしていると、苦心惨憺の「苦心」の部分の方向性が違うのではないかと、ときどき感じます。いくら人を育てるすばらしい能力を持っていたり、上司力があったとしても、見当違いの方向に発揮されているのでは、意味がありません。

この方向性のズレは、さまざまな場所で耳にします。なぜ、このようなズレが発生するのか。ＭＢＡの教室や多くのビジネスパーソンが学ぶ講座など、さまざまな場所で私は数

多くのディスカッションをしてきました。その結果、男性上司に女性と女性マネージャー育成に対する偏ったマインドセットがあり、そのズレから問題が生じているのだと気づきました。

人間はマインドセットの影響を受けやすい
「こうあるべきだ」が足かせになることも

人間は物事を判断するときに、マインドセット※1の影響を強く受けます。マインドセットは、その人の生育歴、経験、教育などから形成される考え方や信念、思い込みのことです。人は「こうあるべきだ」という考え方の方向性を持ち、その達成のために行動の規則を組み立てて行動します。「こうあるべきだ」とその下位にある「行動の規則」の二つがマインドセットを構成します。人は無数の「こうあるべきだ」を無意識に持ちます。そして、現状をみて「こうあるべきだ」を実行するための行動の規則を作成し、頭の中に持つわけです。

マインドセットは、態度形成の基盤です。個人のものですから他人とまったく同じと言うことはありません。ただし、方向性は似ています。たとえば、その内容や正確な方向性は違うとしても、ほとんどの人は自分の国を好きだ、守ろうというマインドセットを持っていることでしょう。

もちろん、国のことを考えたことがない人も多くいると思います。しかし、そんな人でもワールドカップやオリンピックで、国旗の入ったユニフォームを着て国家を歌い、日本を応援する行動をとるでしょう。さまざまなマインドセットのバリエーションがあるわけです。そしてその方向性は、ものすごく大ざっぱな方向でですが、一致していることが多いのです。

もう少し身近な具体例を出しましょう。

私の教え子が大手銀行からITベンチャーに転職しました。彼は父親も銀行員でしたから、子どものときから男は1年中スーツを着ているものだ、スーツは戦士の鎧《よろい》だという昭和の匂いがする（決して悪いことではありません）マインドセットを持った学生でした。

彼の学生時代の印象は「固い、マジメ」でした。銀行への就職も「なるほどね」と、周りが納得するものでした。その彼が転職したと聞いて、非常に驚きました。そんなリスクのあることを彼がするとは思えなかったのです。しばらくしてから彼が近況について、次のような話をしてくれました。

表面的なことですが、スーツをまったく着なくなりましたね。銀行員のときはスーツが鎧だと思って、いろいろと持っていたのですが、いまはせいぜいジャケットです。心だけではなくて体も成長したので、あのころのスーツは、もう体が入らない気がします。処分するのはしのびないのですが……。

転職して一番変わったのは、時間に対する感覚だと思います。仕事の決裁が早くなりました。何でも上司や周囲に確認して稟議を通してというのが銀行での決まりでしたが、いまは相談する時間があるなら先に進めよ、といった感じです。

転職してスーツを着なくなったことに違和感を覚えながらも、環境になじんでいるのがよくわかります。それまで彼の持っていた「ビジネスパーソンはスーツを着ていることで信用を周りに与えている」というマインドセットが、「服装は関係なく、やっている仕事の結果が重要」に変化していったのがわかります。仕事のやり方についても、「責任をみんなで共有するべき」の方向から「自分で責任を負う」という方向に変化し、そのための行動の規則も再編成されています。

人は環境に順応する生き物ですから、環境によってこのマインドセットが変化していくのは不思議なことではありません。同じようなことが、最近、女性マネージャー育成についてもいたるところで発生しているように思います。

社会はなぜ、やたらに「女性タグ」をつけたがるのか

日本の人口の半分が女性なのに

女性にスポットがあたるようになって非常に不思議に思うことがあります。最近、やたらと女性を特別なものとして語りたがる風潮があることです。「戸籍上の性別が女性である人」は人口構成の半分を占めているにもかかわらず、マネージャー問題について語るときは、常に女性というタグをつけて一つにくくりたがる傾向が強いように見えます。女性からすれば何とも居心地が悪い状態です。仕事について語るときに性別というくくりは、正直な話、どうでもいいことだからです。

世の中にはトランスジェンダーの人も、クエスチョニングの人もいるのに、ダイバーシ

ティの重要性が叫ばれるようになったからと、ここでわざわざ男女の二分法にする必要があるのでしょうか。

そうは言っても、この本も働き方改革と女性マネージャー育成がテーマですから、私自身も論理矛盾を内包しているのだと感じてもいますが――。

図表2－1は日本経済新聞の朝夕刊の見出しで「女性管理職」「女性総合職」「女性役員」「女性活用」「女性活躍推進」などの言葉が使われた記事の本数をグラフ化したものです。

たとえば、女性管理職という言葉が見出しに頻出するのは、「男女雇用機会均等法」が施行された1986年近辺、バブル崩壊後の1995年に二つの山があります。第二次安

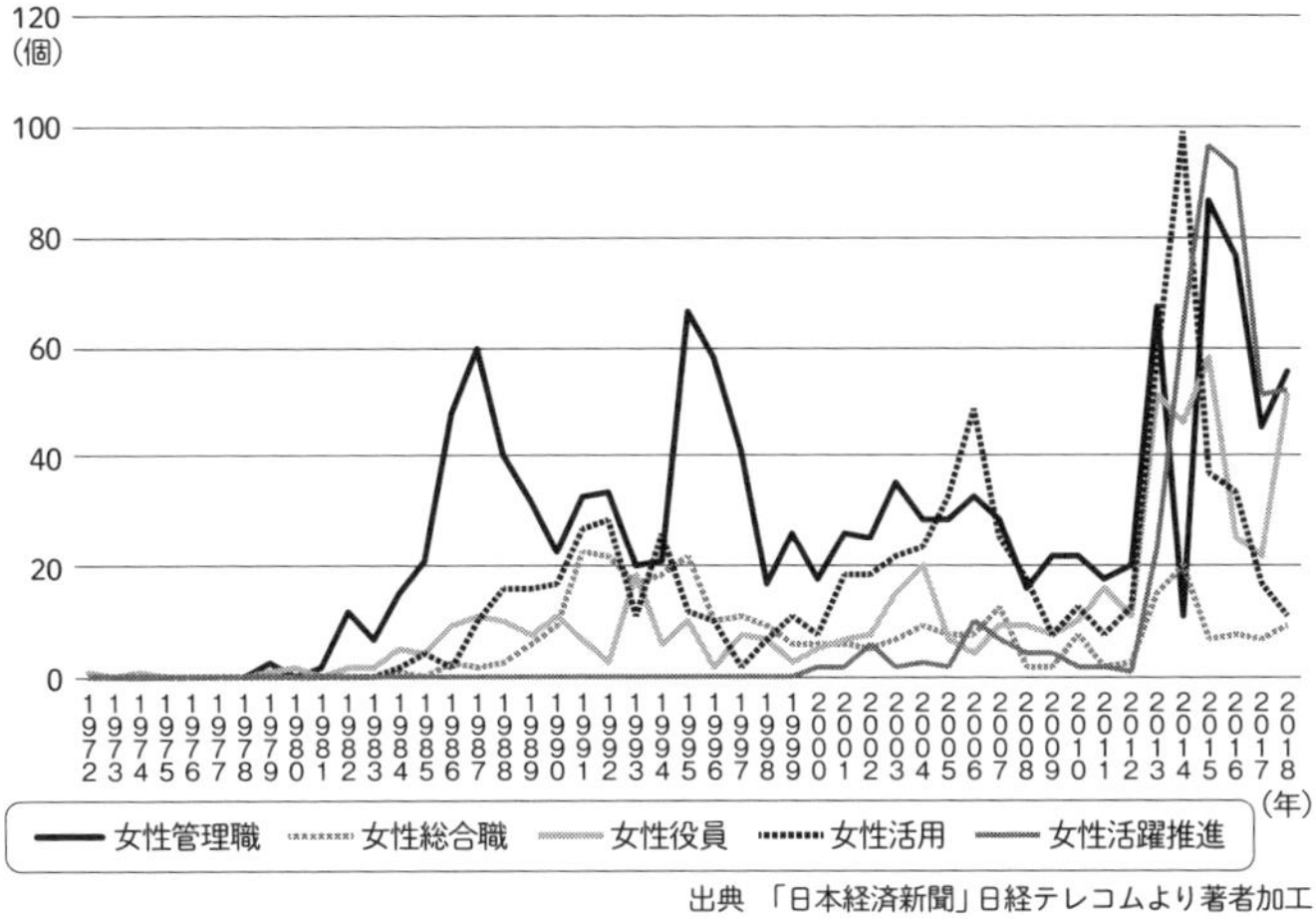

出典　「日本経済新聞」日経テレコムより著者加工

図表2－1　「日本経済新聞・朝夕刊見出し」への言葉の露出度数

倍改造内閣の日本再興戦略に「女性活躍推進」が主要政策と明示され、社会が女性管理職育成に舵を切った2015年ごろに三つめの山を迎えます。「女性活躍推進」という言葉は、それまでほとんど使われていませんでした。ところが、2013年から雨後の筍のように使われはじめたのがわかります。特に、「女性管理職」などを含めた五つの言葉をあらゆる企業が揃って多く使うようになったのは、この年以降なのが顕著です。

平たく言えば、第二次安倍内閣以降に、女性が政策や社会の関心の中央にそろそろと出てきたことがわかります。それまで社会の意思決定のメインストリームに女性がいたとは口が裂けても言えない状態でしたから、新規性をアピールするために「女性」を前面に押し出したくなる気持ちもあるのかもしれません。

2 男性上司の女性についての思い込み

現在、女性というタグを、社会の多くがつけるようになり、多くの関心が集まっているのは明らかです。しかし、タグが多くなったからと言って女性たちが生きやすく、仕事をしやすくなったとは限りません。むしろ現実とは、ズレがあるように思えます。

では、現役のビジネスパーソンである女性たちが違和感を覚える男性たちの思い込み、マインドセットのズレとは具体的に何なのでしょうか。

私が担当する教室、会議、ワールドカフェやパネルでビジネスパーソンたちとディスカッションをしてきた中で、多くの女性たちが抱く「男性上司がとる自分たちへの対応についての違和感」には、類似性があることに気がつきました。この違和感、モヤモヤ感が、実は大きな問題なのです。個別のマインドセットのズレは、本人の問題です。また、マインドセットは、そもそもズレているものです。すべての人が、同じであるわけがありません。

しかし、他人へのかかわり、特に育成という場面において当事者とのマインドセットのズレが大きく、それが修正されないままに行動をとり続けることは、周囲に影響を与えます。

本人たちが良かれと思ってとっている行動ならばなおさらです。起こさなくていいトラブルや必要のない不快感を相手に与えてしまいます。ここでは男性上司が女性部下に対して持つ代表的なズレを分類してみました。

①女性は「丁寧」「細かい」と断定されがち

私の教室で嫌われる言葉の一つが、「女性ならでは」です。この言葉が出ると、必ず何とも言えずに困った、そして不快を示す表情が女性たちの顔に浮かび、「私は女性ならではと言われることはしませんけれど」とか、「私は一般的ではないのかもしれませんけれど」という枕詞をおいて、それぞれの発言をしはじめます。

「女性ならでは」の枕詞を置かれた上で表現されるのは、女性社員の行動です。おしゃべりだったり、意地の悪さだったり、グループをつくることだったり、仲間はずれだったりが、これに該当します。

血の気の多い女子学生(私の勤めるビジネススクールは最低でも2年の実務経験が必須なので、それなりに経験のあるビジネスパーソン)が教室にいると、その具体的内容と該当範囲を猛烈に発言者に問いただし、男子生徒がタジタジとなるのは教卓から見るいつもの風景で、私は慣れていますが、男性学生はショックを受けるのです。

確かに男性と比較した場合、女性はきめ細かくきちんと物事を行うことが多いかもしれません。人に対しても、そういう印象を与えるようです。ただ、これも個人差の範囲です。

すべての女性が丁寧で、きめ細やかということはありませんし、年代によっても、育ってきた環境によっても、大きく異なるはずです。

正直な話、わが家では私よりも夫の方が、よほどいろいろな点できめ細かく丁寧です。私の勤めている大学でも、私よりも「きめ細かくきちんと仕事をする」男性教員はかなりの人数です。「いや、それはあなたが人並み外れてずぼらで雑なのだ」と、言われたらそれまでですが――。

しかし、別の見方をすると「男性は豪快」に、「女性は繊細で丁寧」にという役割を周囲が求めることによって、その役割を無意識のうちに演じているとも考えられます。人は周囲の期待に応えたいと願う生き物ですから。その結果、男性は豪快さ、女性は繊細さが強化されるのだ、と考えることもできます。いずれにせよ、人が持つ丁寧さやきめ細かさを性差だけに求めるのは、あまりにも乱暴すぎるように感じます。

「女性」を枕詞につけると、男性の発想とは別の展開が期待されるようで、耳にするたびにうんざりします。『女性ならでは』って、いったい何なの？　具体的に言ってほしい、何を求めているの？』と言葉にした相手を問い詰めたくなる衝動に駆られます。女性タグをつけた瞬間に新製品になる魔法なんてありません。

男性が女性はこうあるべき（男性とまったく違う視点から、まったく違う発言をしてくれるはず、女性は細かいところに目を配っているべき）と思っているマインドセットの産物以外の何物でもありません。

極端かもしれませんが、ダイナミックな仕事は男性がやって女性は細々としたこと、大きな意思決定にかかわる必要はないと、暗に言われているのではないかと邪推します（私がひねくれているのかもしれませんが）。

しきりに使われる「女性ならでは」という表現

もともとは新聞、選挙活動での多用がきっかけ

図表2－2は、2016年1月～2019年7月末までの朝日新聞朝夕刊で「女性ならでは」という言葉が使用された記事をテキストマイニングしたものです。全部で111本の記事がありました。ちなみに同時期に「男性ならでは」という言葉が使用された記事は6本のみです。「女性ならでは」という言葉が、ずば抜けて多用されていることがわかります。

2016〜2019年夏までの3年半で国政選挙、地方選挙が合わせて50回あまりあったので、選挙に絡んだ記事が多く書かれ、女性候補を扱った記事では「女性ならでは」の表現がちりばめられていました。また、企業に関する記事では、「女性ならではの感性」「女性ならではの視点」などという表現も多用されています。

そして言葉と言葉の関係性を見ていくと、「女性ならでは」という言葉と最も一緒に使われた名詞は「視点」です。次に「仕事」「表現」が続きます。動詞では「話す」「働く」「目指す」「生かす」が、使われています。

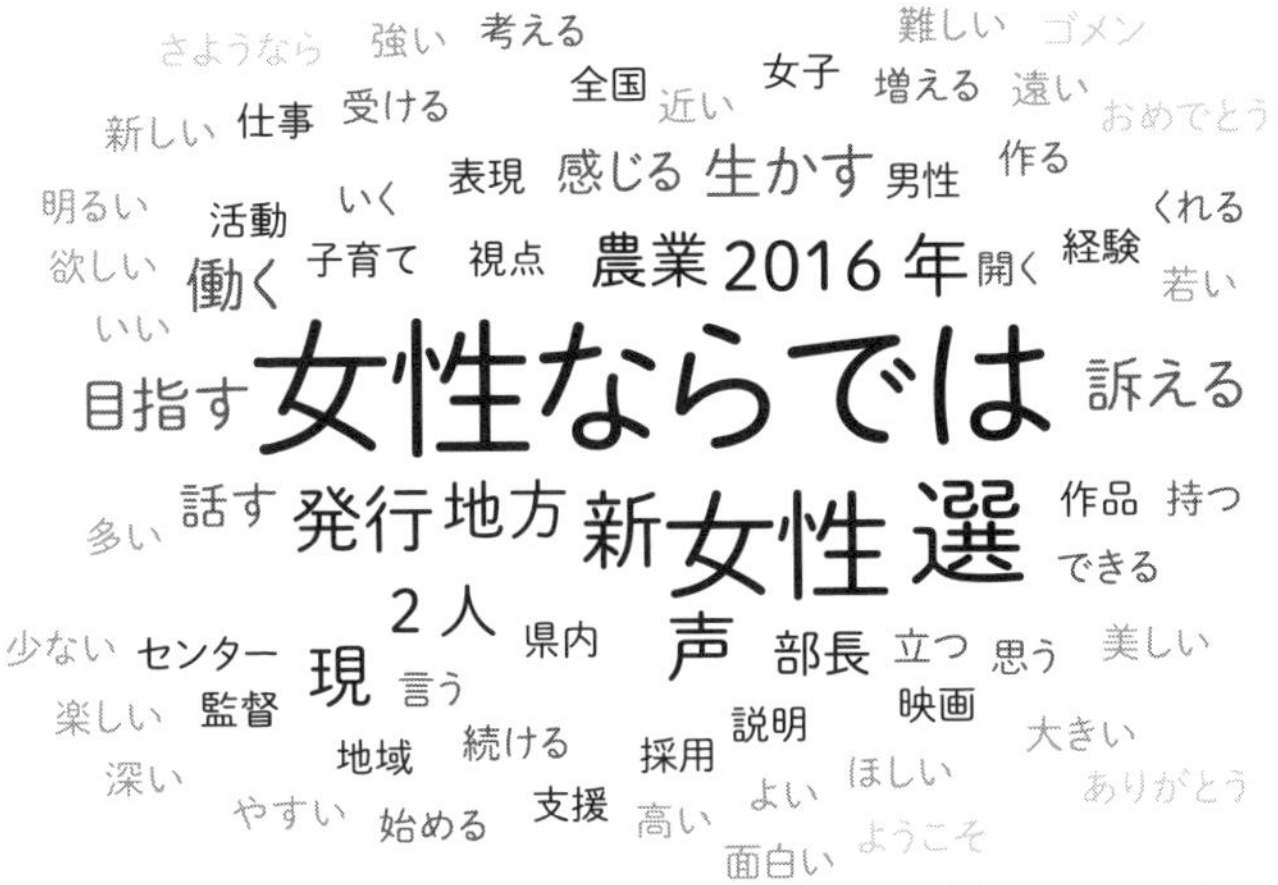

©ASAKO TAKADA 2019

図表2－2　新聞にみる「女性がキーワード」の単語

「女性に関する表現」から受ける多くの違和感

企業内では男性だけが主役なのか

なぜ「女性ならでは」の言葉に対して、女性たちが不快感もしくは違和感を持つのでしょうか。理由が二つ考えられます。

第一に、封じ込め感です。性差という二つしかない（生物学として一般的な男女の二つを対象とします）、自分ではどうしようもない分類でひとくくりにされ、ラベルを貼られ、どこかに押しやられていることへの違和感です。主流の仕事を主役としてやるわけではなく、補佐やバックアップという仕事の役割を無意識に求められている気がするのです。

第二に、「その他大勢感」です。「ならでは」として、勝手に特性を決められる。「男性ならでは」という言葉で表現されることや求められるケースがビジネスの現場ではほとんどないのに、女性にだけは性別を特性として表現される。男性には多様性を認めているのに、女性はただ一つの特性を持つ「その他大勢」として扱っていることです。

「女性ならでは」と口にしている人は、無意識に女性は繊細で細かいところに気がつくので、男性が主流の仕事をした後にそれをバージョンアップするか、補う仕事をすべきだというマインドセットを持っているように感じるのです。

もちろん、多くの人はそこまで考えて「女性ならでは」と発言していることはないでしょう。いままで男性が多い組織や社会で、自分たちと同じ役職や権限を持った女性たちが増えてきた。そのことに対する男性側の不慣れさが主たる理由で、この種の発言がなされるのだと推察します。

しかし、言われた方は相手の無意識の役割要求を強く感じ取ります。男性は悪意なく発言しているのに、相手に戸惑いとモヤモヤ感を与えているようなのです。

②女性マネージャーは下駄を履かされている?!

インフォーマルな場所で、女性マネージャーについて論評するときに必ず出てくるフレーズが、「あの人は女性だから昇進した」でしょう。おそらく、現在、日本中どこの居酒屋でも、会社の仲間が集まると聞かれるフレーズだと思います。さすがに、面と向かって本人には言わないでしょうけれども、何か女性マネージャーと意見の対立があったとき、彼女が失敗したとき、同性・異性に限らずに彼女を「あの人は女性枠だ」と評するわけです。

考えてみると不思議な話です。昇進は数値によって、まったく機械的に管理されているわけではありません。もちろん、そういう企業も存在はするでしょうが、少数派です。どこかで必ず人の思惑が入る。これは男性でも、女性でも同じです。しかし、本当に女性だからという理由だけで昇進したのか、と言うとそれには疑問符がつきます。

「女性を昇進させよう旋風」の中で、多くの女性マネージャーが生まれました。しかし、そのことが「下駄を履かされた」こととは必ずしもイコールとはなりません。いままで女性は昇進させないという方針で、資格はクリアしていたが昇進しなかった人たちをこれを機に昇進させたのかもしれないし、昇進させるに十分な実力を女性たちがすでにつけていたのかもしれません。

「女性活躍推進法」で示した女性管理職の数値目標を達成するために、男性と女性で同じレベルだったら「先に女性を昇進させよう」という会社の意図が働くことも確かにあるでしょう。女性管理職者数の数合わせのために、「エイヤー」で昇進させるケースがないとは言えません。

しかし、そうだからと言って、企業が将来的に受けるリスクを計算すると、本来、昇進できないほどレベルの低い人を昇進させることは考えにくい。女性が昇進するときは必ず下駄を履かせている、実力以上に加点されているとするのは、あまりにも乱暴な考え方です。

「女性だから昇進した」という言葉を男性に置き換えると、「あの人は常務がかわいがっているから昇進した」「あの人は自己アピールが上手いので」「ゴマスリが上手だから引き上げられた」など、いろんなバージョンで「○○だから昇進した」という理由づけができます。しかし、不思議なことに「男性だから昇進した」とは、決して言わないはずです。

男性であることは当たり前の事象で、問題にならないからです。その上で彼がとった何らかの行動や性質によって理由づけをする。女性の場合は、自分ではどうしようもない、持って生まれた性別をまず昇進の理由に求められるのです。「○○だから昇進した」の「○○の部分」に、「業績がすばらしい」や「実力が認められた」以外の言葉が入る場合は、背後に実力以外の要素が加味されたことを示します。

「女性だから昇進した」の発言でタチが悪いのは、下駄を履かされて昇進したので実力がない、と勝手に女性マネージャーを下に見ていることでしょう。これは、「女性は男性よりも仕事ができない」というマインドセットを無意識に持っていることから発生するのかもしれません。男性個人が勝手に持っているマインドセットで、飲み屋での憂さ晴らしとして言っているだけであれば、何も問題はありません。個人の自由ですから。

しかし、この種の内容を女性の前で発言することについては賛成しません。女性の「身のほど知らず疾患」を助長するからです。この話になると、ある大企業の男性の人事担当者の男性とのインフォーマルな場での言葉が、私の記憶映像の中で見事に蘇ります。

いまは玉石混合です。女性マネージャーの人数を確保しなくてはいけないので、いっせいに昇進させている部分はあります。これはどこの会社でも同じだと思います。「いっせいに昇進」と言っても、求めるレベルに足りない場合は昇進させませんよ。ただ、この求めるレベルも厳格に数値化していませんから、人を多角的に見て足りないところがあったとしても、許容範囲内は目をつぶるということです。

大事なのは昇進したことよりも、昇進した後なんです。うちの会社の女性は優秀です。入社するのは大変ですしね。少しターボをかけて昇進のスピードを上げたことはあるかもしれないけれど、いつかは昇進した人たちです。

困るのは、女性たちが「自分は実力以上の地位にいる」と萎縮してしまうことです。

これが理由なのかはわかりませんが、マネージャーになったけれど離職したというケースが、最近多くなっていることに頭を抱えています。

「身のほど知らず疾患」にかかりやすい女性たち
自分を「できない人」とみてしまう傾向が

第1章で触れましたが、女性たちが自分の昇進に対して積極的でない最も多い理由は、自信がないことです。あえて断言すると、「昇進したくない症候群」の代表的な病態が「自信のなさ」にあります。

これは女性マネージャーそのものの人数が少ないこと、そしてかつて昇進した女性たちに女性マネージャー1・0、いわゆるスーパーウーマンが多かったこと（「おじさん社会」の中で企業がスーパーウーマンしか昇進させなかったこと）も、原因となっているでしょう。「女性は下駄を履かされている」という意識の蔓延が、自信のなさと相まって、「私は実力がない、管理職には相応しくない、身のほど知らず」という負のスパイラルを引き起こしてしまう可能性が非常に高いのです。

女性たちが自分を「できない人」というマインドセットで見てしまい、自縄自縛になっていく事象を多く目にします。「身のほど知らず疾患」を発症させてしまうのです。このまま放っておくと、最終的には離職につながってしまいかねません。それはもったいないことです。この疾患を克服するためには、日々の仕事の積み上げで成功体験をつける以外ありません。しかし、成功体験を積み上げる方法を知らないために、ますます苦しい思いを重ねてしまいます。

もちろん、すべての女性が「身のほど知らず疾患」に罹患しているわけではありません。一定数の人は、これを機にガンガン昇進したいと願っているでしょうし、一方で、「ラッキー！　努力しなくても権利はもらえる」と、ほくそ笑んでいる人もいるでしょう。また、実力が認められて昇進したのだと胸を張っている人も多くいるのかもしれません。ただ、一定の割合で「私なんか……」と思っている人が存在するのも事実です。

この疾患を発症、もしくは進行させるのが、「あの人は女性だから昇進した」攻撃です。言っている人たちは、悔しさの裏返しで言っているのかもしれませんし、深い意味はないかもしれない。しかし、性別という自分の手ではどうしようもならないことを、昇進の理由づけに使われると不快感しか残りません。

不快だと怒っているうちは問題ありませんが、何かの拍子で自分の昇進は「正当に上がったのではない」、というマインドセットに置き換えてしまい、支障が出てしまうのです。教え子でメーカーの広報を担当している女性が、以下のように昇進した当時を振り返っています。

普段は何とも思わないのですが、仕事でへこんでいるときに陰口を聞くとこたえます。たとえば、「女性枠ね」って言われると。自分でもそうじゃないかって思うときもあるし。元気なときはいいのですけれど、そうでないときに聞くと、私なんかが昇進して周りに迷惑をかけて悪いなぁとも、思いました。

いまは気にしていませんけどね。でも、私と一緒に上がった女性は耐えきれなくなって休職しました。しんどいときに「女性枠」と言われると、自信がどんどんなくなって、自分では考えられないようなミスをして、それでまたへこむという悪循環になる。まあ、自分が強くならなくてはいけないのでしょうけど、毎日求められることをきちんとこなすのに、一杯一杯で――。正直、しんどかったです。

昇進していく以上、悪口や陰口や意見を受けることは、男性同様に当然のことです。かばってくれとか、女性だけは特別扱いしてほしい、などと言うつもりは毛頭ありません。しかし、現在の女性は「身のほど知らず疾患」の要素を男性より多く持っているということは、知っておいてもいいと思います。

③「キツい仕事を女性が体験するのはかわいそう」なのか

一方で、男性たちからも真顔で「女性を育てなくてはいけないのはわかる。でも、キツい仕事を女性にやらせるのは、かわいそうでね。男性でもきついのに、体力のない女性をあてるのは気が引けます」という発言もよく聞きます。

特に、年配の男性にそう思っている人が多いようです。拝見するかぎり非常に紳士的で、恐らく社会人になってからずっと日の当たる道を歩いてきた方のようにお見受けする。本当に心配しているのを感じます。

そんなとき私は、「きっと奥様はずっと専業主婦で彼は優しい夫なんだろうな」と、その人の背景を勝手に想像してしまいます。確かに一昔前であれば、これは女性に対してのすばらしい気遣いでしょう。しかし、人手不足の中、マネージャーの早期養成をしなくてはならない現状では、このマインドセットは少々困った事態を引き起こします。

「リーダーシップの養成」には修羅場体験は不可欠
女性が学ぶための機会を奪っていないか

リーダーシップの養成に最も必要なのは、修羅場体験です。伝統的な日本企業の幹部育成方法は、若いうちに大変な仕事をさせ、経験を積ませ、一緒に仕事をすることで生まれる人的ネットワークをつくらせ、その後のキャリアに活かすことでした。多くの場合、若いから失敗しても社会的にも心体的にもダメージが少ない、という共通のマインドセットのもとに、さまざまな経験をさせることが、まさにＯＪＴ訓練（実地訓練）の真骨頂でした。

ところが、女性のリーダーシップ育成になると、多くの男性は修羅場を踏ませることに二の足を踏みます。同じような構造は、娘、息子と親の関係でよく聞くことがあります。「息子には苦労させて一人前にしないといけない。娘は綺麗なままで苦労なんかさせたくない」といった種類の話で、私の長い人生のうちに１００回近く聞いたことがあるフレーズです。いわゆるママ友からも、何度も聞きました。その都度、なんで女性には苦労させたらいけないのかと、大きな疑問が頭に浮かぶのですが、その人の主義主張の部類なんだろうと忖度《そんたく》して過ごしてきました。内心、そんな未熟すぎる人に、何の魅力も感じないなぁと毒づきながら。

本人の主義主張であれば他人が口出すことではありません。しかし、企業における教育経験として考えた際に、女性に修羅場を課さないことは、彼女たちの学ぶ機会を奪っていることと同義です。

昔、人脈についての調査をしていたときに、ビジネスパーソンが最も人脈を拡大したのは「修羅場をくぐっているとき」と振り返る人が大多数でした。文字通り修羅場ですから精神的にも肉体的にもつらい。しかし、どのような結果であれ、この状況から脱したときに、その人に何らかの果実をもたらすことは確実です。

少々古い話ですが、ある銀行の支店長の男性が「銀行の女性マネージャー職育成」について、彼の同期である「雇均法世代の女性」を指してこう表現しました。この女性を仮に、山口さんとしましょう。

銀行は山口を甘やかしすぎた。人間としてはいいやつだし、頭も良い。でもウチの銀行自体が女性の育て方をわかっていなかったから、厳しい現場を踏ませなかった。これまで本部ばかりだったし。だから同期の男性と比較して「凄み」みたいなものがないし、こなせる仕事の幅も小さい。

使いにくいと思うよ。本部と言っても、自分が主に何かをやってきたわけではないから。できる上司の「使える」アシスタントとして、ずっとやってきたという事実があるだけ。ある程度、年次が行くと部下を育てながら、いろんなことをしなくてはいけないのだが、山口にはそれができない。永遠の「女の子」扱いだ。

この発言を聞いたときに、非常に驚いたのを覚えています。山口さんのキャリアは確かに本部が多く、外から見ると銀行の中枢部にいたように見えます。しかし、昇進という意味では男性同期が支店長になっているのに、彼女はまだそのレベルの等級にいませんでした。「男女雇用機会均等法」が施行されて少したってから総合職として入社した山口さんの同期の総合職の女性は、ほとんど社内に残っていません。だからこそ、キツい支店に出して潰してしまってはいけないと、周りは山口さんを大事にしてきたのでしょうし、彼女もそれに一生懸命に応えた。その結果、本来であればできるはずのことを山口さんは経験不足であるという評価をされているのです。何とも言えない悲しい話です。

女性がみんな修羅場の体験で潰れやすいということはありません。メンタルの強弱は個人に資するもので、女性だからどうだとか、男性だからどうだとか、大きなくくりで断定できることではないからです。

何も「女性に対する気遣いを辞めて」と言っているのではありません。職場のメンバーとして、友人として、仲間として、上司として、人間として必要な気遣いであれば、断然するべきです。

しかし、女性だからというマインドセットを理由に、彼女たちを必要以上に守ろうとする行動は、活躍するための機会損失につながっていることもあるのです。それだけではありません。

一緒に修羅場をくぐった仲間は、強い結びつきを持ちます。そこで新たなネットワークができることにもなります。女性を修羅場に参加させないことは、上司にとっては紳士道気取りなのかもしれませんが、本質は優しい虐待に近いことなのかもしれません。

④「家庭を壊してはいけない」は思いやりなのか？

ありがたいことに、日本中のいろんなところで組織論について教える機会があります。多くのビジネスパーソンたちとさまざまな角度からディスカッションをします。その流れの中で、ここ3年の間に東京とそれ以外の都市で会社も人も違うのに、似たような話を女性から訴えられることが、数回ありました。学ぶ意欲を示すと、突然、上司から「家庭は大丈夫か？」と問われる経験です。

共通して言えるのは、女性の数が極めて少ない企業が舞台だということです。ここでは香織さんとしましょう。

香織さんは勤めている会社の社長年頭挨拶やその他の媒体で、自社が今後、女性活躍に力を入れると表明していることを知ります。結婚後、将来のことを考えると、このまま働き続けることが現状では最良の選択肢だと香織さんは感じていました。ですから、自社が女性活躍に舵を切ったと感じて喜びます。

しかし、この時点で、同期入社の男性とは、かなりの昇進の差がついていました。

そこで、いままでやってきた仕事に責任を持って、きちんと向き合いたいと決意を新たにします。自分に足りないのは何かと考えたときに「もっと知識が欲しい」「勉強したい」と思いました。会社に費用を負担してもらおうという気はなく、自費でできることをしてみようと考えたのです。

そこで、社外のリーダーシップ講座なり、勉強会に行きたいので、ときどき、残業をせずに切り上げたいと上司に言います。すると上司は、「家庭は大丈夫なのか？子どもの面倒を見た方がいいのではないか」と、彼女に家庭があることを理由に反対の意を示すというのが、だいたいの骨子です。場所やディテールは違えども、起きている事象は、ほぼ同じです。

新しいことにストップをかける男性上司

「夫」でも「ファミリーメンバー」でもないのに

何か新しいことをしようとすると、家庭のことを持ち出してストップをかけます。上司は夫ではないし、ファミリーメンバーでもないのにです。それなのに家庭を新しいことをやらせないための防波堤として使うのです。すなわち職場という公の部分でのスキルアップの話をしているのに、突然、家庭というプライベートな文脈で、判断をしようとするのです。

上司がプライベートの部分、部下の新しいチャレンジを拒否する理由として、全面に押し出すことによる違和感は非常に強い。それが香織さんのモチベーションを一気に下げます。男性部下には、「子どもが可哀相だから長く働くな」とか「勉強するな」なんて口が裂けても言わないでしょうから。

これは上司が、「女性は家庭を優先させるべきだ」という強いマインドセットを持っていることが大きな要因でしょう。この種のマインドセットは、かつて多くの男性にとって当たり前のものでした。妻で母親である女性は就労はあくまでも副次的なもので、第一に優先されるのは家庭であり、子どもであるというマインドセットです。

父親は外で働き、母親が家を守るというのは、伝統的なマインドセットです。会社以外でプライベートの時間を削って、会社のための勉強をするというのは、香織さんにとっては自分のキャリアと直結した意味のあるものでしたが、上司にとっては香織さんが趣味でやっているお稽古事と同じ重要性にしか感じなかったのです。

上司が無邪気に、女性は家族を第一にするべきだというマインドセットを押しつけたのか、それとも香織さんが昇進することはないと上司が思っていたのでムダな行動と判断したのか、純粋にアフターファイブの行動で疲れて業務に支障が出ると判断したのかは、上司本人でないとわかりません。

事実として目前にあるのは、香織さん自身と香織さんが一連のできごとを相談していた多くの女性社員たちのモチベーションが、著しく下がったことでした。

3 上司は「女性の経験不足」の解消をすること

男性上司が女性部下に対して持つマインドセットが現実から徹底的にズレていると、その被害は甚大です。本人は何気なく口にしただけなのに、なぜ、このような事態が発生するのでしょうか。

過去の経験を当てはめて常にダメ出しをする上司

昔といまはものさしが大きく違う

最近聞いた象徴的な話を紹介しましょう。ある大企業で実際にあったできごとです。その企業はトップが変わった瞬間に、社内の雰囲気が一変したそうです。それまでの同社は、製造業で女性社員の数が少なかったこともあって、前社長の時代に女性活躍の部署を設置し、女性社員の登用を比較的意欲的に行う体制をひいていました。

特に前社長がリベラルな思想があったということではなく、世間の流れに乗ったのだろうと社員は思っていたそうです。下手な鉄砲も数打てば変わる方式で、どんどん女性を役職に就けたり、いろんな経験をさせようとプロジェクトに入れたりと、それなりにプログラムをつくって進めていました。

ところが、社長の交代後、その速度が明らかに遅くなったそうです（失速したとはあえて表現しませんが）。もちろん、時節柄「わが社の女性活躍の勢いをスローダウンします」と明言するわけにはいきません。ただ、新しいことは一切しなくなったのです。

たとえば、新しく実施しようとしていた管理職手前の女性たちの研修も凍結になり、いままでは「このプロジェクトに女性を入れておこう」と、社内の暗黙の了解で女性にさまざまな経験をさせようとしていた雰囲気が一変しました。それは社長の考え方を周囲が、忖度した結果だったそうです。

新社長は非常にやり手で実力派でした。しかし、彼は自分の経験から女性の登用には決して積極的ではありませんでした。別に彼が女性を嫌いだとか差別をしているとかいう意味ではなくて、女性への偏ったマインドセットと根強い女性への不信感が彼の中にあったのだと解釈しています。

しょせん女性は、会社を辞めていく存在なので、重要なチームに投入するのはリスクがあると思っていたのでしょう。彼が女性を「第一線に投入してはいけないグループ」に仕分けしたマインドセットを持っていたのだと思います。

それは社長がインフォーマルの場で語った彼の「経験」からわかります。

自分が課長になって以降、ずっと女性マネージャーを育てようとしてきた。しかし、誰もいまは会社に残っていない。結局、女性は育て甲斐がない。社外取締役に女性を入れたので、すでにウチの会社は十分やっているのではないか。マネージャーは、女性社員の数が多くなってきているからこのままでいけばどんどん増えていくし、積極的に女性活躍に会社として費用をかけなくてよいのではないか。

「女性活躍推進をやってきた」というのは自己満足

「雇均法世代」に接した経験は、すでに役立たない

企業は違えど、この種の話は最近至るところで聞きます。共通していることは「現状、儲かっていて何も困っていない」企業であるということです。世間の流れの中で、女性活躍推進室だの何だのをつくって一生懸命やってきました、人もそれなりに採用できました、もう十分やったのではないか、と満足しているのです。

女性活躍推進を時代の流れの中で10年を超えてやってきたので、もう十分だと勝手に判断するのでしょう。お腹がいっぱいになったと思うのです。

この話には、二つのポイントがあります。まず男性の上司が、自分の過去の経験を当てはめて現在の女性全体を「育て甲斐がない」と評価している点です。陳腐化したマインド

セットが更新されていないのです。

もう一点は、まだまだ現状ではマイノリティである女性管理職へのケアをもう十分と一方的に満足していることです。この問題点は5章で説明するとして、マインドセットのズレという視点から考えても、本件は非常に興味深いケースです。

社長は恐らく60歳前後でしょうか。彼が課長だった時代に部下だった女性たちはいわゆる男女雇用機会均等法が施行されたころの入社のはずです。まさに私の世代がこれにあたるのですが、確かに現在、新卒で入社した会社で働き続けている人は非常に少ないように思います。まだまだ、女性は単なる取り替え可能な職員と見なされることが多かった時代だからです。

たとえ総合職であったとしても、男性同期と比較して責任ある仕事を任される機会は少なかったのが現実でした。女性が働き続ける仕組みもいまと比べて格段に整っていませんでした。結果として彼の言うように「みんな辞めてしまった」わけです。

繰り返しますが、女性が働き続けるためのさまざまな施策や仕組みが急速に整いはじめたのは、ここ10年の話です。時代とともに、女性たちの就労観も変わっています。

図表２－３は、２０１７年度に発表された内閣府の調査です。ここ24年間で大きく意識

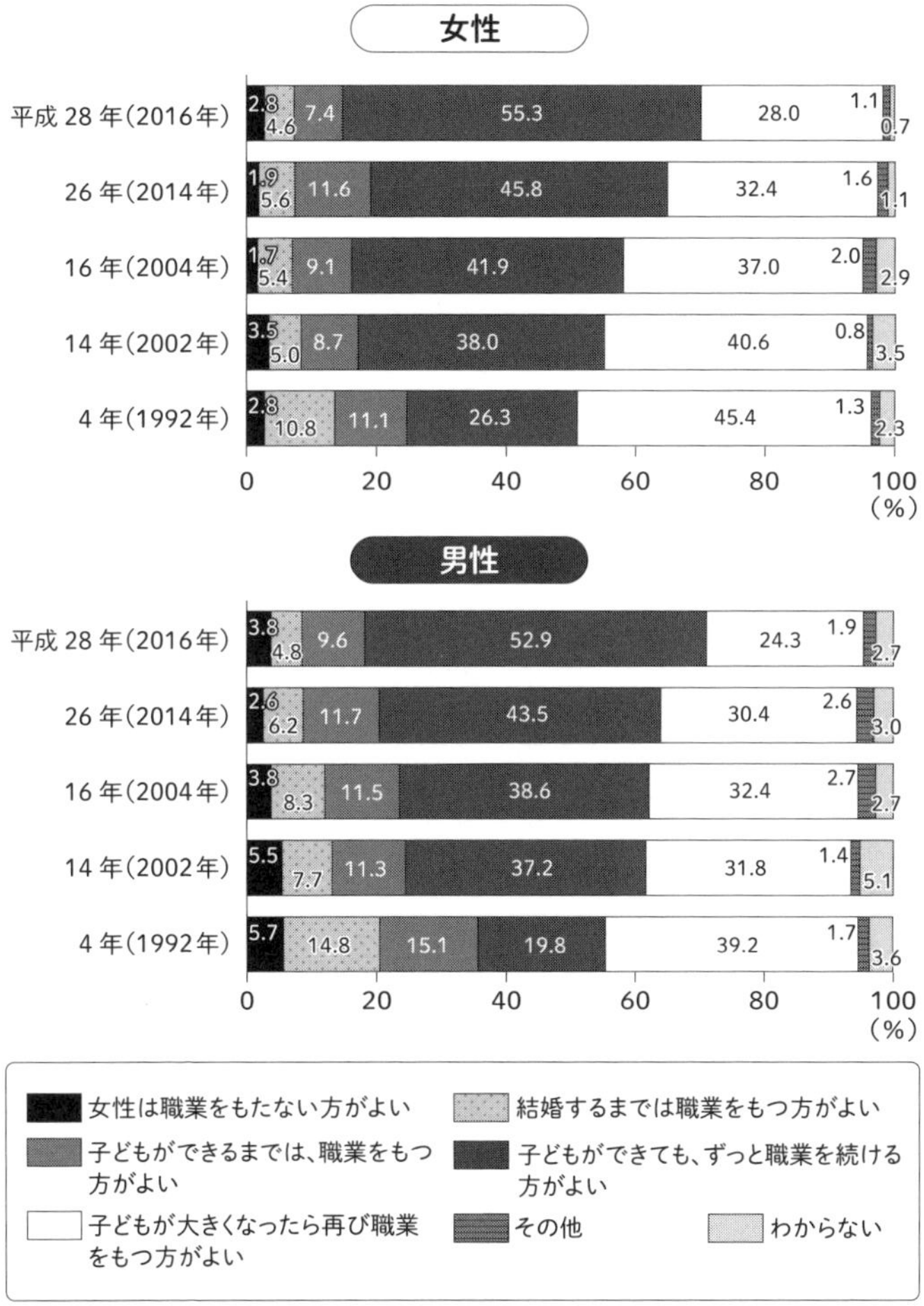

（備考）1. 内閣府「男女平等に関する世論調査」（平成4年）、「男女共同参画社会に関する世論調査」（平成14年、16年、28年）及び「女性の活躍推進に関する世論調査」（平成26年）より作成。
2. 平成26年以前の調査は20歳以上の者が対象。28年の調査は、18歳以上の者が対象。

出典　男女共同参画白書（2017）

図表2－3　男女の就労意識の変化

が変わっているのがわかります。現代は女性の半数以上が一生、働き続けようと考えています。恐らく彼が直接、女性社員を教育する職務にあった頃は、一生、働こうという決意や希望を持っていた女性は全体の3割程度だったことでしょう。順調に昇進していき、役員に近くなればなるほど、女性社員を直に育てる職務にいたとは考えにくい。そもそも女性社員数が少ない職場です。詰まるところ、彼は最近の女性部下を直接育てる経験はしていないのです。

彼の女性に対するマインドセットは、過去にマッチしたものです。マインドセットを更新する機会もなく、古い時代につくられたマインドセットをそのまま現代の女性たちに当てはめているのですからズレが生じるのも仕方がありません。

女性マネージャーを育てた経験の少ない上司たち

女性社員比率は全体の3割程度だった

企業で頻繁に見られる施策のミスマッチの多くの原因は、男性たちが、古い経験をもとにつくったマインドセットをそのまま現代に当てはめて対応しようとすることです。

時代も女性たちも、そしてそれを取り巻く環境も大きく変わっているのに、自分のマインドセットが現状に合致しているのかも鑑みていない。つまり、根本から課題を考え直すことをしていないことが、実に多いのです。

不幸なことに、女性部下を育てた経験は、職位が上がるとともに極端に減ります。女性たちが多くいる層は若手であることが多いですから、この層に高役職者は、直接タッチしないことが多いと考えるのが自然です。本人も昇進とともに、仕事量も膨大になっていくでしょうから、女性部下育成についてのマインドセットを更新する機会が少なくなります。

マインドセットは多くの場合、経験をもとに形成されます。そして、現状において多くの男性上司は、女性のマネージャーを育てた経験が極端に乏しいのが実情です。これは二つの角度から数値で示せます。

第一に、管理職になる女性が現状では少ないために彼女にかかわる人の数がまだ少ない。よって、女性マネージャーを育てたという経験を持った人が少ない点です。強いて言うならば、現在進行形で、みんなが女性管理職を育てることを同時多発的に経験しているのです。

１章の１－１の図表で見たように、日本の女性管理職比率は非常に低い。たとえば、課長比率の現状ではたったの11・2％（2018年）です。これは規模の大小や業種の違いをすべて超えての平均値で、非常にざっくりした数値です。

誰もが一人で課長になれるわけでは決してありません。課長になるまでの間に、いろんな人々とかかわり影響を受け、成長していきます。

そして現段階においては、男性課長を育てた経験がある人と、女性課長を育てたことがある人を比べると、圧倒的に前者が多いことになります。

さらに加えるならば、女性を真剣に役職に就けようと、さまざまな取り組みがなされたのは、ここ10年のことです。こう考えると、

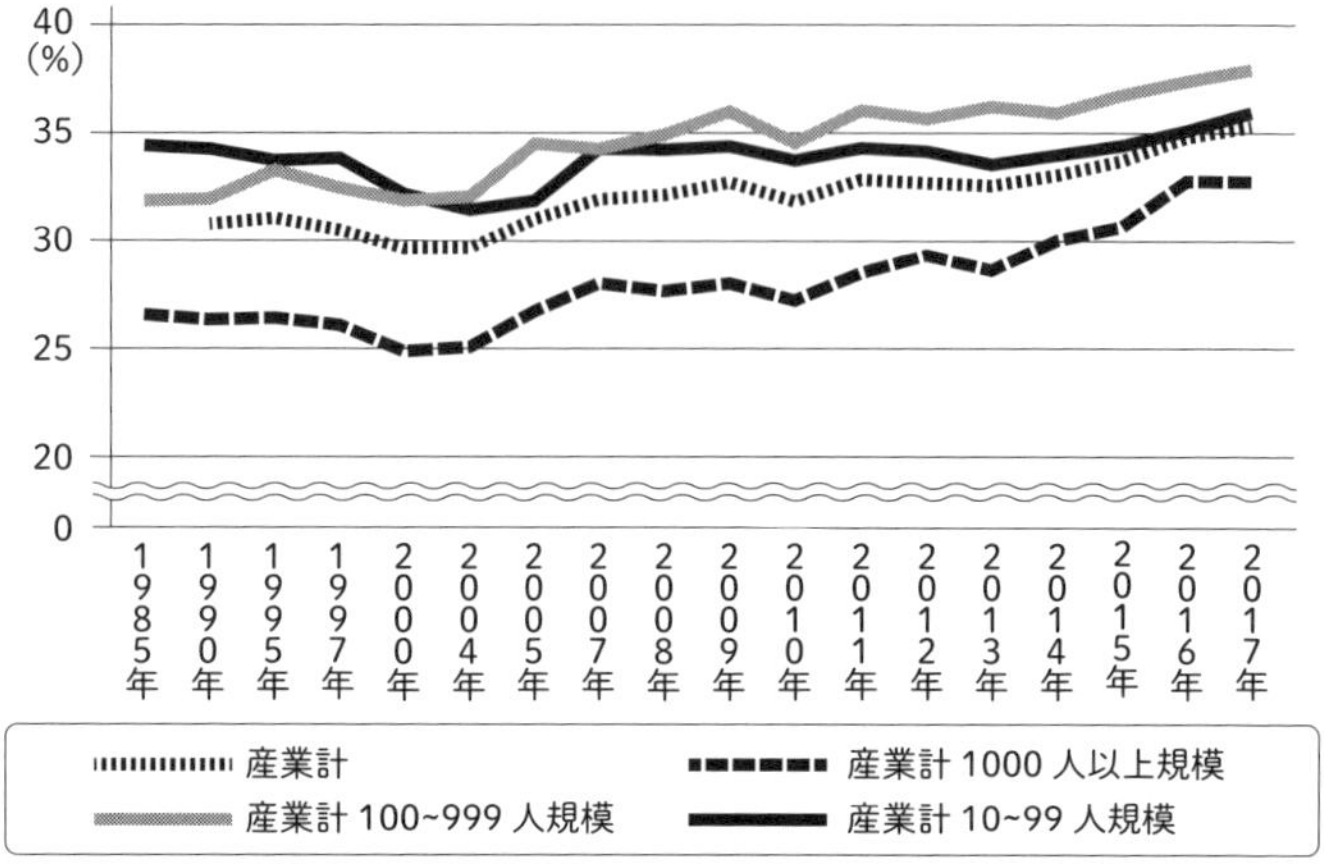

出典　「連合賃金レポート（2018）」より著者作成

図表２－４　女性社員比率の推移

大多数の人が女性管理職を育てた経験がないのがわかります。

第二に、考えなくてはいけないことは、そもそも女性の正社員比率が非常に少ないということです。図表２－４は、規模別の女性社員比率の推移です。

産業規模99人以下の企業の女性正社員比率は、ここ30年間で35％近辺を推移しているのに対して、１０００人規模のいわゆる大企業は、この１９８５年の26・４％から２０１７年に32・８％に上昇しています。

あくまでも比率ですので、全体数が小さい方が、女性社員一人の採用が比率に影響しやすいのは事実です。しかし、全体を俯瞰して言えることは、もともとの女性社員比率が３割程度であるということです。その中で管理職になる女性というのは、まだまだ非常に少ない人数です。

この点からも、女性を育て上げた経験を持つ男性上司というのは、極端に少ないことが改めてわかります。そして女性を育てあげた経験を持たない男性上司が、企業の人事方針に大きな影響を持っているというミスマッチが発生しているのです。

「男女平等は当たり前」だと考える若手世代

女性を育てた実績のある上司も男女を分けへだてしない

一方で21世紀職業財団（2018）の調査では、総合職の20代女性の72・8％、30代女性の67・2％が「男女が同じように育成されている」と感じている結果になっています。世代が若い方がより育て方に、男女差を感じていないのです。

同設問で現在、40代や50代の女性たちはそれぞれ59・4％、50・6％と回答しています。そして、上司は女性よりも男性を熱心に育成していると感じる数値が、若手と比較すると高く出ています。

「20代の総合職の管理職」の上司は、30代後半〜40代が多いと考えられます。この世代が今後、多くの経験を積むことによって、女性マネージャーの育成は劇的に進んでいくだろうと予測できます。しかし、現状では経験値の蓄積が少ないのです。

私の研究で複数の地方銀行を対象に、かなり広範囲な調査をしました。女性マネージャー、もしくは、その予備軍を対象に各行で一人につき1時間〜1時間半のインタビュー調査を行いました。そして「あなたが最も影響を受けた、育ててもらったと感じる上司は誰ですか」と尋ねて、可能な限り名前のあがった上司たちに対してもインタビューをします。比較するために女性マネージャーの同期の男性にも話を聞き、同様に影響を受けた上司の名前を挙げてもらいました。その結果、女性を育てるのが上手い上司は、男性を育てるのも上手いということがわかりました[※2]。多くの女性から名前が上がった上司は、男性からも支持が高かったのです。

　この上司たちは男女の区別なく、部下の教育という点で評価を受けていました。また、この上司たちは自身も順調に昇進している場合が多かったのです。興味深いことに、女性

あなたの上司（管理職）は、女性部下を男性同様に戦力として育成していますか
（総合職・年代別）

※育成するとは実力よりも少しむずかしい仕事や新しい仕事を付与することや、成果のフィードバックを適切に行うことなど、仕事を通して部下の成長をサポートすることを指す

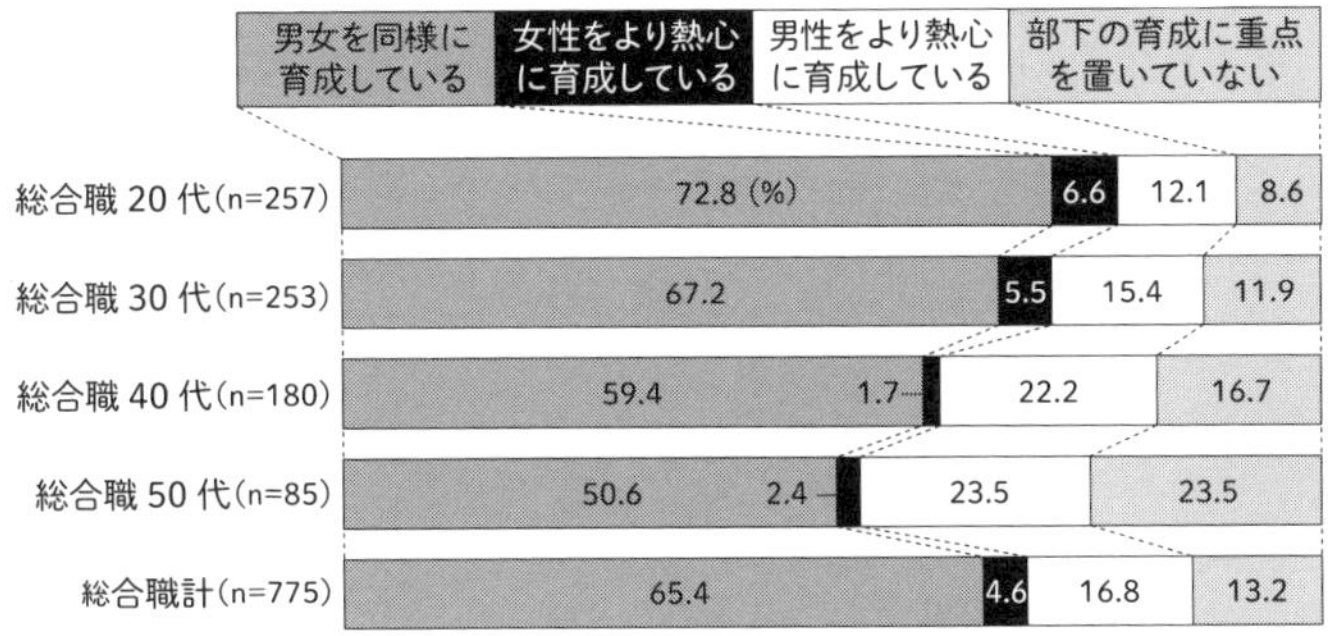

出典 「21世紀職業財団 女性活躍状況調査(2018)」より加工

図表２－５　女性の戦力に対しての認識

から人気がなくても男性から人気が高く、男性を育てるのが上手い上司という人もいました。

特徴的なのは、女性だけを育てるのが上手いという人はいなかったという結果です。人数が少ない女性を育成するわけですから、もともと育てるのが上手いという定評がある人のところに、女性幹部候補を配置する傾向がないとは言えません。それでも、すべての銀行で、同じ傾向がみられたのです。

これは非常に象徴的な研究結果だと思います。日本では女性マネージャーのことを「女性ならでは」「女性独特」と女性タグをつけて、男性マネージャーと別物として封じ込められてきました。

その流れによると、女性のビジネスパーソンの育成は、男性と違うので女性独自の育て方があると思いがちですが、そんなことはありません。「女性ならでは」の教育方法ではなく、「人として、ビジネスパーソンして」の教育方法が有効だということをこの研究は示しています。

第３章
女性マネージャーたちの憂鬱

「エイヤー女子」「ワーキングマザー」の働きがいを高める

① 「時間不足」「経験不足」「スキル不足」に苦しむ

育成側からすると、女性マネージャーを育成する環境は、人手不足の中で「育成の時間不足」「上司の経験不足」「スキル不足」の三重苦です。時間以外は、上司側の努力や研鑽《けんさん》で何とか克服することが可能です。

女性たちに視線を向けてみると、上司のマインドセットのズレに苦しみ、マネージャーという未知の経験に奮闘し、キャリアの確立と出産や育児、そして介護というライフイベントの両立に苦しんでいます。女性の場合、自己の研鑽だけで事態が改善することはありません。上司や同僚や家族という本人以外の要素が多く入ってくることが、悪態を余計にややこしくしています。

女性管理職はいまだに少数派

「女性管理者を3割にする」予定が13％という現実

「女性は重要な戦力となりました」と、政府発行のパンフレットや書類などに書かれています。しかし、意思決定を担う重要な役職に多くついているのかというと、そこまで多くはありません。

ネットを見ても、テレビを見ても、多くの魅力ある女性マネージャーが、にっこり笑いインタビューに答えているので、女性マネージャーは一般的なのかと感じるのですが、数値的にはそう多くはないのです。

人間は一部を見て全体だと思う傾向が強い。「少数の法則[※1]」に弱い生き物ですからさもありなんです。そもそも企業内に女性が少ないというのは、いままで耳にタコができるぐらい説明してきたので、すでに読者のみなさんはおわかりだと思いますが。

女性マネージャーが少数であることをさらに産業別に見ていくと、どういう事実が見えてくるのでしょうか。総務省の労働力調査から女性管理職比率を産業別でデータをとったものが、図表3－1です（「平成29年版 男女共同参画白書」より）。

業界ごとにばらつきがありますが、全産業平均で43・5％が女性であるのがわかります。この統計は就業者、つまり、すべての賃金、給料、諸手当、内職収入などの収入をともなう仕事を1時間以上した従業者と休業者が入っていますから、非常に大きな数字です（パー

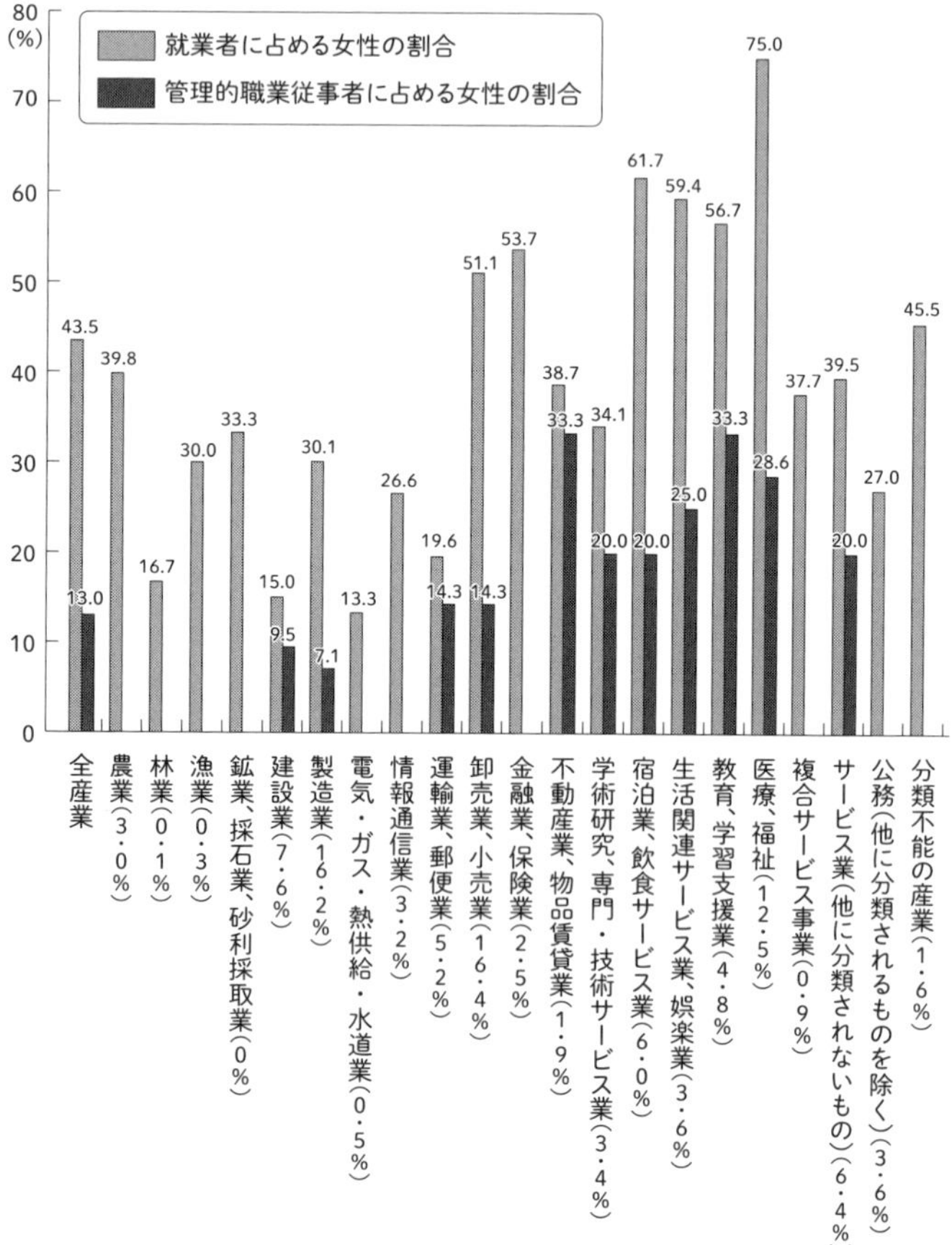

（備考）1. 総務省「労働力調査（基本集計）」（平成 28 年）より作成。
2. 管理的職業従事者とは、就業者のうち、会社役員、企業の課長相当職以上、管理的公務員等を指す。
3. 産業名の下に記載されている () 内の%は、全産業の就業者に占める当該産業の就業者の割合を示す。

出典「平成 29 年度男女共同参画白書」より

図表３－１　女性管理職比率

トやアルバイトも含まれます）。

その中で管理職は13％です。よく眺めていると不動産業、物品賃貸業は女性の就業者が多く、その中でも管理職が30％を超えて、多いことがわかります。卸売、小売業は女性比率が半分を超えているのに、管理職は14・３％と低い。金融保険業にいたっては半数以上が女性なのに、管理職比率はゼロに近い。

これはパートを含めない女性社員比率です。３割が管理職になる可能性を持つ女性正社員です。

こうしてデータを細かく見ていくと、まだまだ女性が全体の意思決定をするような立場に多くいるとは言えないのがわかります。女性の活躍が進んだと大騒ぎしているのにもかかわらず、これが現状なのです。

組織の視点から考察し、強調したいのは、現状でも女性管理職は企業の中で少数派ということです。まったく女性管理職がいなかった昔よりは、女性が働きやすい環境が少しマシになっただけなのです。

「女性活躍推進法」が義務づけされて
数値目標達成のために企業はまっしぐら

「女性活躍推進法」で、国、地方公共団体、従業員３０１人以上の企業は自社の女性活躍に関する数値目標とその取り組みの計画、結果公表を義務づけられました。これにともなって、企業は何らかの対応策を打たなくてはいけなくなりました。これらの一連の動きは、「ポジティブ・アクション」と呼ばれています。

厚生労働省は、ポジティブ・アクションを以下のように定義しています。

ポジティブ・アクションとは、

　固定的な性別による男女の役割分担意識や過去の経緯から

○営業職に女性はほとんどいない

○課長以上の管理職は男性が大半を占めている

等の差が男女労働者の間に生じている場合、このような差を解消しようと、

個々の企業が行う自主的かつ積極的な取組を言います。

その結果、ポジティブ・アクションには、個々の労働者の能力発揮を促進するだけでなく、企業にも様々なメリットがあります。

●女性労働者の労働意欲の向上
●女性の活躍が周囲の男性に刺激→生産性が向上
●多様な人材による新しい価値の創造
●幅広い高い質の労働力の確保
●外部評価（企業イメージ）の向上

「厚生労働省」ＨＰより

厚労省のＨＰには明確に書かれていませんが、「ポジティブ・アクション」の本丸は、アファーマティブ・アクション（黒人、少数民族、女性など歴史的に差別されてきた集団に対し、雇用、教育などを保障すると決めたアメリカ合衆国が打ち出した特別優遇政策）と呼ばれる特別優遇政策です。一定の枠内での雇用を義務づけるもので、男性が圧倒的に多い中で女性にも機会を与えよう、平たく言えば、数値目標をかざして女性をもっと多く昇進させましょうという政策です。

ポジティブ・アクションが男性への逆差別ではないか、という議論はここでは置いておきます。なぜなら、現在は過渡期です。いままで前面に出てこなかった人々にスポットを当て、力を思う存分発揮してもらうには、ある程度の優遇策は必要だという考え方には、一定の理解を持つからです。

人口減少の中、女性も責任ある役職に就いてもらわないと社会システムが維持できない。そのためには、そもそも女性の正社員比率を多くしなくてはいけないですし、その後、管理職にもなってもらわないと組織全体が回らない。そうは言っても、女性管理職の育成の経験値が日本は非常に少ない。育成方法を試行錯誤していますが、女性たちは、いまひとつ乗りきらない。企業がどうしようかともがいているわけです。これが現在の企業と女性たちを取り巻く周章狼狽《しゅうしょうろうばい》の構造です。

企業は「女性活躍推進法」で決められた数値目標と、実行過程をクリアしなくてはいけない。男性と女性だったら、女性を先に昇進させる。女性管理職の数値の実績をつくらなくてはいけないということに、最近の企業は必死です。その結果、多くの女性たちが昇進のトラックに乗りはじめています。そして、この流れは加速しています。

２ 「下駄を履かせても昇進を」が生んだいびつな形

一方でポジティブ・アクションは、別の弊害をもたらしました。多くの人が女性たちの昇進を「下駄を履かせて昇進した」と同義で解釈されることが多くなったのです。女性だから昇進した、下駄を履かされた、という評価の裏には女性を下に見ている意識が見え隠れします。

実のところ、本当に下駄を履かされたのかどうかは、誰にもわかりません。ポジティブ・アクションで昇進したと陰口をたたくことは可能でも、その根拠に乏しい。企業側が「あなたの昇進は、ポジティブ・アクションによるものです」と明示することはありませんから、実際のところわからないのです。

ポジティブ・アクションでの昇進だと思うか否かは、あくまでも個人の主観の問題です。そもそも万民が納得する昇進は、男女問わずそう多くはありません。男性の一般的な昇進とその構造において何も変わりがありません。なぜ、このような評価が出てきたのでしょうか。女性たちに焦点をあてて考えてみましょう。

女性を以下の3つのポイントで、樹形図を書いて分類してみます。

1つめの分類――コース別採用の際は、上級管理職になり得るコースにいるか否か（端的には上級職を目指せる総合職か否か）

2つめの分類――（1が満たされている際に）現在、管理職への昇進トラックに乗っているか否か

3つめの分類――（2が満たされている際に）多くの人が納得する業績があるか否か

コース別人事で一般事務職でも、あるレベルの管理職までは昇進が可能なケースが多いので、わかりやすくするために今回は上級管理職への道が開けているか否かという点で考えていきましょう。

注意しておきたいのはあくまでも、「下駄を履かした」という解釈がどの時点の分類で湧き出てくるのかを明らかにすることが目標の分類だということです。その目的のために、

便宜的に分けているだけで女性にラベルを貼ってその行動や将来を規制することをしたいのではありません。

結果として、女性は４つのグループに分類されます。

①総合職で、現在昇進トラックに乗っていて、顕著な業績のある女性

②総合職で、現在昇進トラックに乗っているが、顕著な業績がない女性

③総合職で、現在昇進トラックに乗っていない女性

④一般事務職の女性

です。まず、①の女性に関しては顕著な業績がありますから、彼女たちに対しては、「下

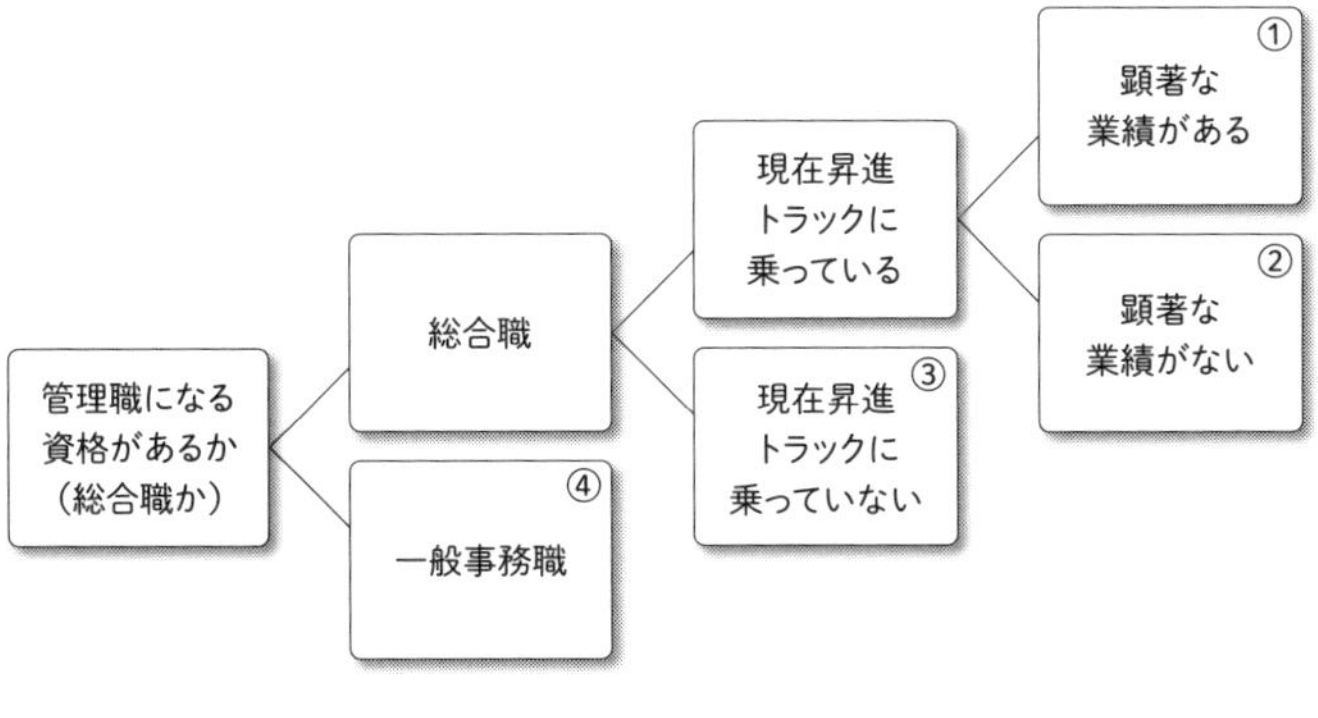

図表３－２　「上級管理職への昇進」という視点からの分類

駄を履かされている」と表現するのはむずかしい。同様に④の女性も最初から乗っているトラックが違いますので、同様にそうは表現されません。悩ましいのが②です。③との違いは何なのかでしょう。

特性で4分類できる女性たち
エリート女子、エイヤー女子、抜かされ女子、ジカタ女子

便宜的に、それぞれのセグメントに名前をつけます。

①**エリート女子**――着実に仕事での業績を重ね、順調に昇進してきた女性たち。

②**エイヤーで昇進したと見られてしまう女子**――エイヤー女子。昇進トラックに乗っているが、業績がわかりにくい。企業側の思惑で「エイヤー」で昇進したのではないか、と解釈される要素を含む女性たち。

③**抜かされ女子**――何らかの理由で昇進トラックに乗っていない女性たち。

④**ジカタ女子**――日本舞踊の地方《じかた》からきています。華やかではありませんが、確実な仕事が要求されます。企業には不可欠ですが、昇進トラックには乗りません。

念のためつけ加えますが、日本舞踏において地方と立方《たちかた》でどちらが上で、どちらが下ということはありません。二つ合わせて総合芸術です。

①のエリート女子は、業績という意味でも仕事ぶりの評判でも非常に高いレベルの人たちです。下駄を履かされたという修飾語はつけにくいセグメントです。

ややこしいのは、②のエイヤー女子です。エリート女子ほど圧倒的な業績を持たないからです。営業職のように数字にしっかりと出てくる職種ならば、話は単純です。明らかに数値化されるからです。しかし、大多数の職種は個人の貢献度が明確な形でフィードバックされることは稀です。そして、仕事ぶりに

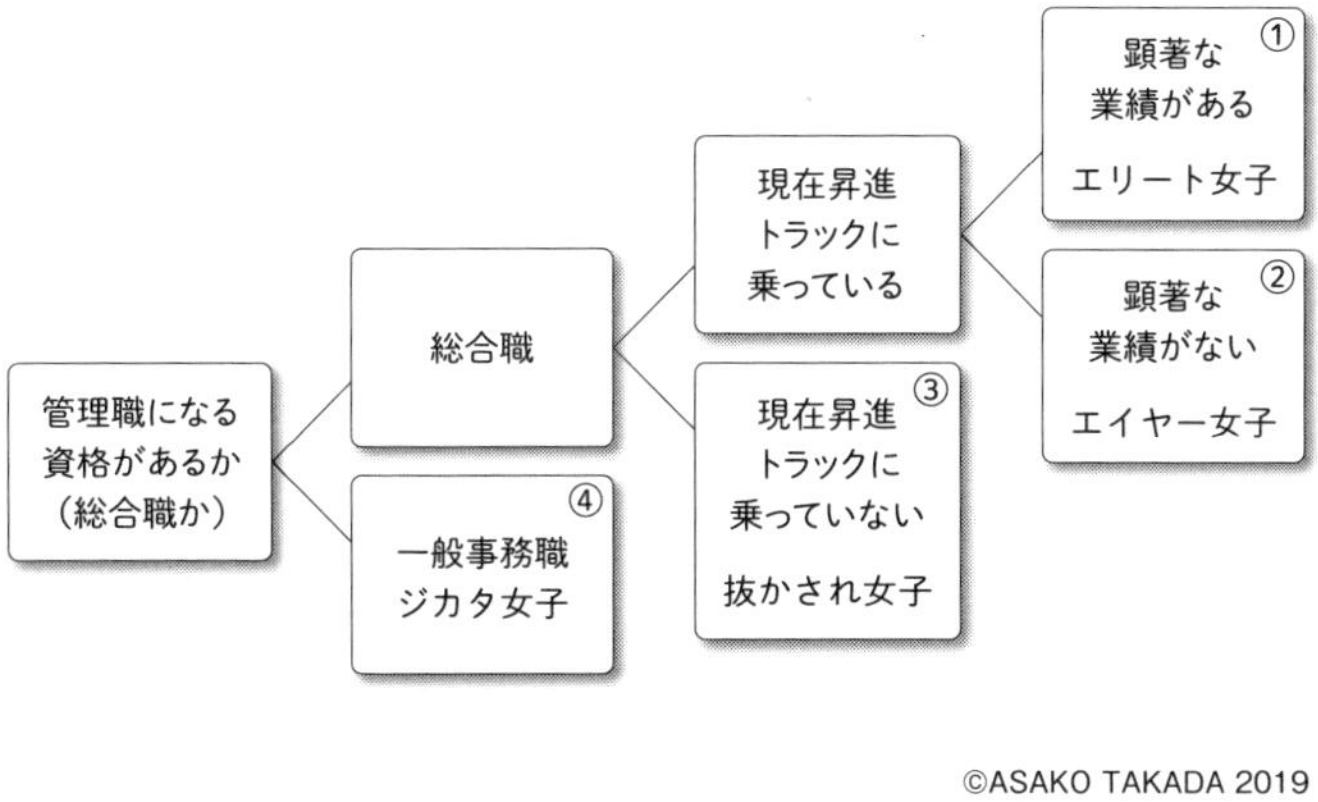

図表３－３　「上級管理職への昇進」という視点からの分類

ついても評価者に恵まれなかった場合は、圧倒的な評判は取りにくい。

　エイヤー女子の評価は、彼女の部署への貢献度や部下の育成度、知識や能力への評価、仕事への評価など個人を総合的に見ることになります。これには何の不思議もありません。よくある企業における評価の仕方です。そして、営業成績などの定量評価と違い、恣意性が入り込む余地はいくらでもあります。

　最も「下駄を履かされた」の解釈が入り込みやすいのは、エイヤー女子に対してです。彼女たちに関しては実力うんぬんの話ではなく、評価軸が曖昧であることが原因です。考えてみると、おかしな話です。そもそも昇進というものは、売上至上主義の会社の営業部は別として、あまり明確な基準を持ちません。昇進試験があるところは多数あります。しかし、昇進試験を受けて合格した人、すべてが同じ条件で昇進していくわけではありません。昇進試験は、単なるスタート地点です。

　昇進は「運」と「縁」が必要です。「運」と「縁」という自分がコントロールできない部分で昇進が決まっていくことは、男女問わず企業内ではゴロゴロしている現象です。曖昧な昇進基準で選出されたからといって、それが彼女の実力以上の評価を受けたことと同義にはなりません。男性の昇進でも見られる現象です。エイヤー女子は、人々の持つ偏見のサンドバック先として望まない機能をしてしまったということだと思います。

どのような人が出世するのか？
昇進の基準が曖昧なのに女性には厳しい世間の目

視点を企業の昇進という大きな命題に戻してみましょう。さまざまなビジネスパーソン向けの教壇に立つ際に、私が好んでする質問があります。「あなたの会社はどのような人が出世しますか？」という質問です。フロアからは「業績のいい人」「昇進について会社の基準があるかどうかわからない」であるとか「そのときの会社の体制」という発言が聞かれます。

もう少し議論が進んでくると、「上司の覚えがめでたい人」「一歩先に上司が望むことをやってあげられる人」などという含蓄のある発言が出てきます。「営業以外で業績がわかりにくい場合は、どうなるのか」と再度質問すると、「何か評価の高いことを達成したチームに所属していた」であるとか、「有力者とつながっている」「日々の問題解決能力が高い」などの答えが返ってきます。

昇進の基準に明文化、定量化が可能な明確なものを持つ企業は非常に少ないのです。いいえ、あるのかもしれませんが、多くの社員はそれを知らず、昇進はよくわからない基準で進んでいくと、認知されていることがわかります。

女性の昇進も、図式としては古典的な男性の昇進と何も違いはないはずです。しかし、なぜか女性の昇進になると突然、狭量になって必要以上に実力を下に見るという現象が発生するのです。

それは人々が女性の昇進に慣れていないからか、女性について実力がないという無意識のマインドセットを持っているからかもしれません。もう少しくわしく見てみましょう。

昇進ポスト争いが女性の昇進でさらに熾烈に

「下駄を履かせた」で心を落ち着かせる男性陣

昇進が曖昧な基準で進むのはよくあることなのに、これが女性の昇進になると、「下駄を履かせた」と不当に解釈する。それは、なぜでしょうか。

昇進するポストが限られている中で、いままでノーマークだった女性たちが参入することでポスト争いが激化する。その状態がおもしろくないと、女性の昇進をネガティブにとらえて文句を言う人が一定数存在するのは、仕方がないことだと思います。万人が納得する昇進はありませんから。

つまり、昇進に関して利害関係がある人が多くいることが騒ぐ大きな理由の一つです。そうは言っても、すべての人が昇進の利害関係があるわけではありません。いろんな要素が絡み合っていると考えられます。

①女性であるがゆえに注目される

一つは女性がまだ少数派であるがゆえに、過度に注目されていることでしょう。女性は組織の中では、平均で3割程度しかいない少数派です。そして現状では、女性の昇進はみんなが関心を持って見守っている事象です。

男性の昇進は「よくあること」で興味を持たれませんが、女性の場合は少数派の中での昇進なので、必要以上に注目を浴びるわけです。本当はいろんなところで発生している曖昧な基準で選ばれた昇進であるにもかかわらず、フィルターをかけられる。目立つがゆえに精査され、曖昧さが強調され、増幅される。その結果として、「あの人は女性だから昇進したのだ」という原因を性別に求め、納得しようとするのです。

②少数の法則による思い込み

すでに述べましたが、人間は少なく発生した事象を全体のものと思い込む特性があります。ランダム性によりたまたま偏った結果が続いたときに、人間が勝手に誤った法則性を見い出して、理由をつけて正当化しようとしてしまうのです。これは行動経済学の代表的な考え方の一つです（Kahneman & Tversky／１９７９[※2]）。

私は「晴れ女、晴れ男」という言葉を聞くと、少数の法則を思い出します。たまたま、その人が出かけるときに晴れが続いたことに対して、自分が出かけると天気になるという、まったく相関のない事象の法則性を見い出して、正当化するわけです。人間は自然現象の天気を変えられませんから。

たとえば、知らない女性が昇進したとします。社内で見かけたが、ほんわかした人で仕事ができる感じの印象を受けなかったので、きっと女性枠だなと自分を納得させるといった具合です。そこから女性の昇進は下駄を履かされるのだ、と女性全体に当てはめてしまうのです。

③「ウチ意識」と「ソト意識」が働くクセ

少数派はよそ者です。よって多数派にとっては好意を持てない存在だということも考えられます。これは社会的アイデンティティ理論で説明できます。人間は自分のアイデンティティを集団に求めます。意識の有無にかかわらず、自分の属している社会集団がイコール自分の社会的地位だと考える傾向が強いのです（Tajfel & Turner／１９７９[※3]）。

国籍、性別、出身地、出身大学、住んでいる場所、働いている会社といった自分の所属しているカテゴリーで自分を規定します。そのプロセスを通して、自分の属する集団への一体化が発生します。ウチ意識の発生です。

たとえば、読者のみなさんは『下町ロケット』（池井戸潤著／ダイヤモンド社）を読みましたか？　それともテレビで観ましたか。あの中で帝国重工が、常に日本を代表する存在として出てきます。映像化された役員会は、すべて見事に似た雰囲気の男性でした。エリート臭を上手に出していたと思います。帝国重工ではまさしく、「日本人」「有名大学」「同じ研究室」というセグメントが同じ男性が多く揃い、彼らの中で強烈なウチ意識を持っていたと思います。

ウチ意識は、ソトに対して厳しく働きます。ウチを贔屓《ひいき》して、高く評価する傾向があります。ソトの方が優秀であることを認めることは、自尊心が傷つけられることにつながるからです(Tajfel et al., 1971, Hogg & Abrams／１９９５[※4])。ソトは意識的に格下として認知します。

繰り返しますが、現状では日本企業は似たバックグラウンドを持つ人々の集合体であることが多いのです。似ている者同志は、共通の帰属意識を持ちやすい傾向にあります。「わが社の主流派である、「男性、総合職、管理職候補」や「基幹製品の開発チームにいる、常務と同じ大学出身」などのアイデンティティが自分と組織を強く結びつけ、ウチ意識を醸成してきました。簡単に言えば、「似たようなおじさん集団」がウチだとすると、「新興の少数派である女性たち」はソトなのです。

ウチ意識の高い人たちにとってソトを認めるには、時間がかかります。ソトの活躍に対してモヤモヤするのもウチ意識の強い人にとっては、仕方がないことなのかもしれません。その結果が、「下駄を履いて昇進した」という解釈になるです。

現在は、過渡期です。女性が多くなり、多くの人が当たり前に昇進することが続いていけば、男性こそがウチであるという要素が、薄くなっていくでしょう。

3 昇進しても求められるルーティンワークの遂行力

女性たちの昇進に対してモヤモヤ感を持たれ、必要以上に格下に見られるメカニズムについて押さえました。次に、視点を女性たち、特にサンドバックになっている「エイヤー女子」にうつしてみましょう。

女性マネージャーを主人公にしたケースで、次ページの図表3－4を書いて学生たちとディスカッションをすることがよくあります。話をわかりやすくするために、男性を「エリート保守本流男子」と「エイヤー女子に抜かされた男子」、女性を「エイヤー女子」と「抜かされ女子」にざっくりと分けます。

まず、自分のセグメントは自分をどう思っているのか。そして、他のセグメントをどのように思っているのか。お互いにどのように思っているのか。これらについてディスカッションしていくのです。

あなたもやってみてください。二つのセグメントが重なり合うところは自分をどう思っているかを自分なりに考えてください。

見解が割れる「エイヤー女子」のポジション評価
男性は「おいしい」と思い、女性は「不安」に感じている

「エイヤー女子は、自分のことをどう思っているのか」との問いには「う〜ん。望んでいないのに……」「困ったなぁ」などの戸惑いや、「仕方ないからベストを尽くす」という真っ当な意見、「チャンス！　行くところまで行

分類	エイヤー女子	抜かされ女子	エリート保守本流男子	エイヤー女子に抜かされた男子
エイヤー女子	（例）自分をどう思っているか	（例）いじめないで、私のほうが頑張った	（例）仲良くしたい	（例）アウトオブ眼中
抜かされ女子				
エリート保守本流男子				
エイヤー女子に抜かされた男子				

図表３－４　「男性」「女性」の働き方セグメントワークシート

ってやる」との積極的意見など、現状の彼女たちを反映させた多様な意見が並びます。

男性だけのグループに、「エイヤー女子」のポジションをロールプレイしてもらうと彼らの多くは、「エイヤー女子は、いまの状態を千載一遇の好機として喜び、積極的に自分の昇進に結びつけようと行動する」と主張します。男性にとっては現在のエイヤー女子の状況は､昇進が優先されるのだから「おいしい」「うらやましい」と考える人が多いのです。ディスカッションでも優先的に昇進させてもらえるのであれば、そんなにおいしいことはない、という趣旨の発言が男性たちから、わらわら出てきます。昇進してその立場で努力できる機会が与えられている、その状況をなぜ有効利用しないのか、というのが彼らの主張の中心です。

一方で、「エイヤー女子」の立場を女性にロールプレイしてもらうと、男性とはまったく違った反応がみられます。不安が最初に出てくるのです。「不安だ」「困惑する」「どうしよう」という答えが圧倒的に多い。そして、「周りの人に嫌がらせされないか」という心配も聞かれます。

エイヤー昇進が持つ基準の曖昧さが「私は何かを達成して、そこが評価されて昇進したのではない」という自信のなさにつながり、大いに不安がる。昇進はうれしいけれども、自分に対して自信が持てない様子が語られます。

この後、実際にエイヤー女子と解釈できる人が身近にいる男性や、本人たちが「エイヤー女子」だと思っている女子学生からは現場の生々しい意見が相次いで出て、ディスカッションは、ますますおもしろくなります。

昇進そのものを長期的にとらえてディスカッションをすると、どのような昇進であれ「結果を出し続けないといけない」という一般的な話に落ち着きます。長期的にとらえて昇進後にやる行動について、男女差も年齢差もありません。

「エイヤー女子」は、昇進の瞬間だけは「エイヤー」かもしれませんが、その後は社会と企業のルーティンの役割を求められるようになるのです。

「エイヤー女子」はつらいよ

「お手並み拝見」という立場に置かれている

次に「エイヤー女子」をどう思うか、というディスカッションをそれぞれのセグメントの立場でロールプレイとして取り組んでもらうと、これがまたおもしろい。どこでやっても生々しい声が出て、教卓にいる私もこのような状態では、「エイヤー女子はたまらないだろう」、と影ながらエールを送ります。現場の生の声を紹介すると、「お手並み拝見」「失敗すればいいのに」「まあ、頑張って」「いつまで続くかな」などといったものです。ロールプレイで、かなり誇張されているということはあります。しかし、いくばくかの本音が露出しているのも事実でしょう。もちろん「全力で応援する」というポジティブな発言も聞かれます。全体のトレンドとしては、一歩も二歩も引いた立ち位置でいるのが、如実にわかります。「彼女たちを助けるのか？」という質問に対して、「無条件で助ける」と発言した人は少数派で、ケースバイケースという玉虫色の発言が続きます。組織において「エイヤー女子」という新しいセグメントは、受容されるのに時間がかかる代物です。その受容のための準備期間を、私たちが現在迎えていると考えるとわかりやすい。

管理職として受容されるためには、目に見えた業績や実績を上げる必要がある。それまでは周りからは一歩引かれた立場、様子見モードで扱われる。決して周りは積極的に助けてくれない。これがいま、彼女たちが置かれているリアルな状況ではないでしょうか。まさに「エイヤー女子はつらいよ」です。

「エイヤー女子」についての講義をすると、講義後に女性の受講生が必ず何人か教卓にいる私のところに駆け寄ってきてくれます。そして、「私、エイヤー女子です。つらいんです……」と、自分のストーリーを語ってくれます。その一つを紹介しましょう。

私は一般職で会社に入りました。私のときは就職氷河期の最後の方の時代で、女性の総合職をまったく取らなかったのです。大学の同期の女性の中で総合職になった人なんてあれだけの女性がいて、ほんの一握りでした。そういう時代でした。

もの凄く頑張って、というよりも就職ができない恐怖を知っているので、せっかく入った大企業を辞めるもんかと、覚悟を決めコツコツ仕事をやっていたんです。そうしたら景気も上向いてきて、たまたま上司がいい人で、総合職転換を薦められて転換しました。その後、会社が女性活躍推進と言い出したことで、管理職にあげてもらいました。

最初は不安でしたし、いまも不安です。男性ばかりの会議で私が発言すると、みんながふーん、という感じなんです。男性は男性できちんとグループがあるようで、私は管理職の中では、根なし草の気がします。

私より若い男性の管理職が同じようなことを発言すると、空気が変わる。もうきっと飲み会とかで根回しがすんでいるんでしょうね。あっという間に案件が通っていくんです。いつも意識しすぎかと思うのだけど、「おまえは、数合わせで昇進したんだよ」と、みんなが思っているようでつらいです。

「エイヤー女子」は、新たに出現したグループです。長い間、組織の本流であった「エリート男子」とは、その持つネットワークの広さからして違います。多くの人からの様子見モードを受け、本人たちは仕事を続けなくてはいけない。「エリート男子」グループと比較すると、「優遇されていて楽ちん」のおいしい立場ではなく、心理的に厳しい立場に置かれているのが現実でしょう。

次に、「エリート保守本流男子」は周囲からどのように扱われるかというと、一歩引かれるどころか、「積極的に仲良くなりたい」と、すべてのセグメントが希望しました。彼らこそ「ウチの象徴的な存在であり、実力者のグループである」と、多くの人が考えていることがわかります。

4 「もやもや感」のまま仕事に臨むワーキングマザーたち

女性たちが直面しているもう一つの困難さは、働くことと家庭を持つことを両立させる、という古典的な問題です。昭和の時代から常に問題視されてきたテーマですが、女性活躍推進の流れによってワーキングマザー数が激増していることで、新たな側面が見えてきました。

次の図表３－５は、「令和元年 少子化社会対策白書」からとったものです。

１９８５年から５年間と、比較してみましょう。２０１０年からの５年間で、育児休業を利用して出産後継続して働く人が、１・５倍になっていることがわかります。育児休業の利用率は、５倍弱になっています。女性が出産し働き続ける態勢に、社会や企業が手を打ちはじめたことが見て取れます。

次に、会社に視線を向けてみます。人間の一生の中で、育児・介護などさまざまなライフイベントの発生によって、休業や時短など仕事をスローダウンさせざるをえない時期は必ずあります。

このスローダウンは社会として、受け入れていかなくてはならないのは自明です。しかし、現実問題として休業者が発生すると、その分の仕事を誰がするのかという問題が発生します。

「ワーキングマザー」という存在

課題は明らかなのに、なぜ、企業は手を打たないのか

子どもを産み、育てることは、本人にとっても家族にとっても社会にとっても重要なかけがえのないことです。私自身、子どもを育てながら大学院に通いましたから、心から応援したいと思っています。

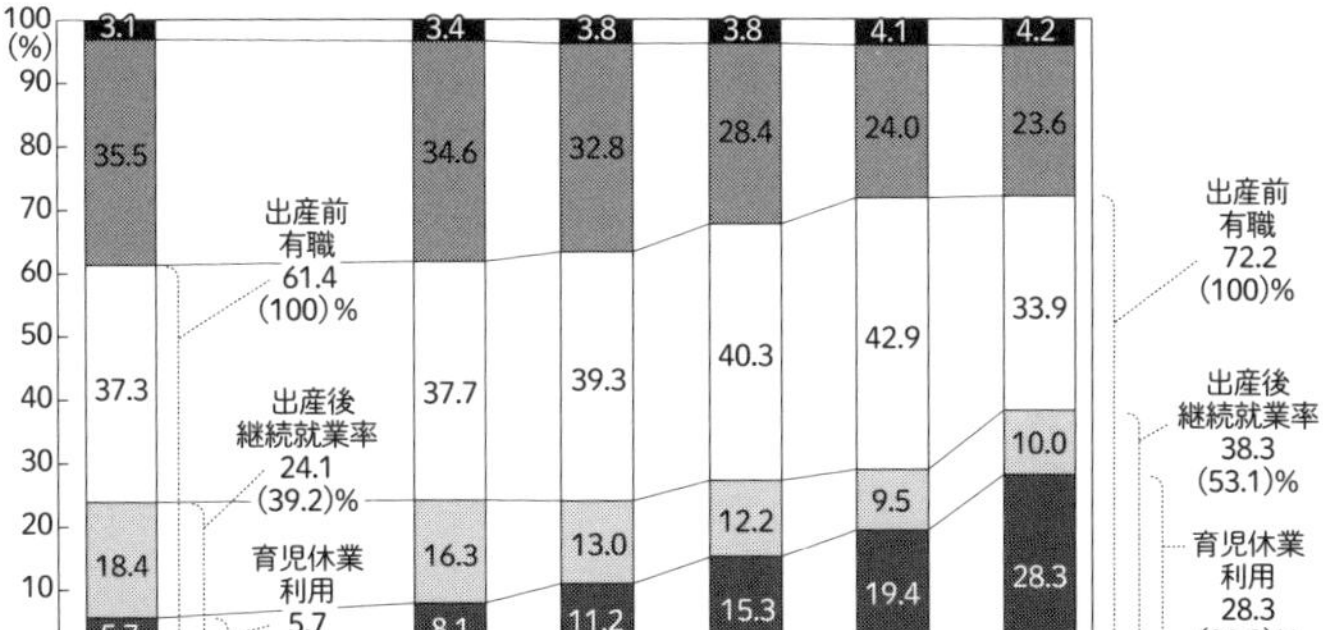

資料：国立社会保障・人口問題研究所「第 15 回出生動向基本調査（夫婦調査）」(2015 年)
注　：対象は第 1 子が 1 歳以上 15 歳未満の初婚どうしの夫婦の妻（年齢 50 歳未満）。
図中の ( ) 内の数値は出産前に就業していた妻に対する割合。

出典　「令和元年 少子化社会対策白書」(2019) より

図表３－５　出生動向基本情報

しかし、女性活躍推進の流れの中で避けて通れないワーキングマザーの問題を授業で取り上げると、ワーキングマザー本人、周囲の人、それぞれの立場で活発な、そして生々しいディスカッションがなされます。その内容が私が子育てをしていたころとほとんど変わっていないことに、改めてこの問題における日本社会の変化の遅さを感じます。

電機メーカーのある部署でマネージャーをしている恵子さんは、以下のような話をしてくれました。

私の部署は女性がそれなりにいますから、最近育休を取る女性が多いです。正直な話「またか」と、うんざりしますが、決して顔には出さずに、ニコニコしています。マタハラとか言われたくありませんし、私もかつて育休をとりましたから。

子どもの数が増えることはいいことです。社会を上げて応援しなくてはいけないのはわかっています。でも、会社は代替要員を補強してくれません。「派遣でもいいから代わりを入れてください」とお願いしたのですが、会社の業績がそうよくないので却下です。部長に何度も掛け合いました。

しかし、「考えておく」といつも言ってそのままです。そのため、やらなくてはいけないことは、私と周りで残業してやっています。育休を取る期間は、いますぐ決まるわけではありません。わかっていることなので、マネジメント側が調整をすることができるはずです。

そんなやりくりができないのは、人事が怠慢なのかなぁと思います。「人手不足で代わりがいないので増やせません」とか、「少し待てば育休から戻ってくるから」とかは何だかおかしい。現実に仕事があって、休職が部署で発生しているので、不足分を背負うのは、残った人です。

小売業で主任の理沙さん

私の会社は、土日出勤もあります。シフト制なので交代すれば、土日も休めます。でも最近、育休明けで戻ってきた同期がよく休み、私が代わりに出勤することが増えました。子どもが熱を出したという理由で突発的に休むのです。子どもは社会で育てるものだということは十分、承知していますが、あまりに多いのです。

私も今後、お世話になるかもしれないから面と向かって文句は言いません。でも、結局独身の私が、同期の代わりをほぼ毎回、務めることになります。私は独身で子どももいないので、何となく他の家族持ちの人よりも身軽に思われているのです。課長も私に一番初めに、同期の休んだ分の仕事を振ってきます。でも、私だってプライベートもあります。土曜に出かけたいときもあります。肉体的に、もうフラフラです。独身を理由に負荷をここまでかけられるので、せっかく入った会社ですが、転職を真剣に考えています。

化学メーカーでグループリーダーの有希子さん

２年前から時短で働いています。つらかった。いまでもそうです。時短になっても同じ仕事量をやっている人もいる。その時短の生産性というのをどういうふうに定義するのかなと思っていました。私は時短の分、仕事が回らないと夜中に会社にいってこなしていました。

夫が帰ってくると、子どもをバトンタッチして夜、車で会社に行くんです。それでも給料は時短なんです。こういうのはどうすればいいのでしょうか。「時短の人の生産性」とか言われるとわからなくなる。もう、いっぱいいっぱいです。

住宅メーカーで総務課長の大内さん

女性が働き続けられるように、人事制度をかなりつくり込んできました。一昔前とは雲泥の差です。妊娠出産したら、退職という流れは、ひとまず止まったように思います。しかし、実際はむずかしいです。女性の体のことですから、「このくらいは、やり終えて帰宅して欲しい」と思っても、マタニティハラスメントと言われると困るので、基本的に自己申告を認めています。

そうすると、不満が周囲から出るんですよ。最近、特に、ただでさえ人手不足の上に働き方改革で残業ができませんから。専門性の高い仕事なので、派遣を雇ってやってもらうというわけにはなかなかいかない。実際、できませんしね。結局、みんなでカバーし合おうね、というしかないのだけれど、仕事のバランスが悪いことはわかっています。でも、どうすればいいのかわかりません……。

証券会社人事部門次長の村本さん

いろいろケアしているつもりなんですが、辞める人が多いんです。仕方ないと思っています。育休明けで戻ったときでも仕事の量が基本は変わらない人が多くて、でも給料は時短分減るから、一度はぼろぼろになるような気がします。前と同じ仕事に就けた方がいいのか、まったく別の仕事をしてもらった方がいいのか、むずかしいところです。

女性からは前と同じ部署で働きたいという声も多いです。しかし、戻ってみても時代は進んでいるからついていけないケースも多い。そこでどういう働き方をするのかの決断が迫られるのだと思います。

ここ10年で急にワーキングマザーは多くなりました。10年前にはここまで女性たちに社会の関心はありませんでした。当事者の女性たちも、そしてその周りにいる人たちも、ややこしい事態に頭を悩ませているのがわかります。

働き方にややこしさがある理由
「会社」と「自身」の望みが一致しないという悲劇

本人の仕事へのコミットメント度合いの高低と、会社が求めるアウトプットの高低二軸から分類してみると、ワーキングマザーがもたらすややこしさが浮き出てきます。ここで整理してみることにしましょう。

①「マミートラック」と「ここにいていいのか症候群」

会社がワーキングマザーに多くのことを求めない場合を見てみましょう。

本人も仕事に対して低いコミットメントの場合は、いわゆる「マミートラック」(仕事と子育てを両立しているが、昇進・昇格とは遠いところにあるキャリアコース)で、「きつくない仕事をそれなりに」こなしていくことが求められます。

本人は現状を「家庭を優先できてラッキー」だと感じるか、「こんなはずではなかった」

と内心思っているのかは、その人次第です。

しかし、「マミートラック」に一度入ると、このレースに参加しなかった人との昇進のスピードに差がつくという事象は、例外もありますが非常に多く発生します。子育て後、彼女たちは自分のキャリアを今後、どう構築していくのか悩むときがやってくるのは明らかです。

本人が仕事に対して高いコミットメントを持っていて、企業から高いコミットメントを必要としない仕事を与えられている場合は、自分自身へのストレスと会社へのストレスが強烈に貯まります。

「自分はここにいていいのか」「会社も期待していないのだから、もう少し家にいた方がいいのではないか」「こんなはずではなかった」とモチベーションが下がり、悩んでいるグループです。

多くの場合、このグループにいる人は、バリバリ働いてる同期や前の部署の後輩たちの姿と、自分の姿を比較してより自分を追い込みます。

②「サイレントキラーママ」と「バリキャリママ」——

次に、会社がワーキングマザーに高いアウトプットを求めている場合を考えましょう。会社から高いアウトプットを求められているにもかかわらず、本人のコミットメント度合いが低かった場合、しわ寄せは確実に周囲にきます。手助けしなくてはいけないために、周囲の人々の時間をひっそりと、そして確実に蝕んでいきます。

周囲への負荷は「サイレントキラーママ」の如しです。その結果、周囲の疲労がたまっていく。本人はその状況に申し訳ないと思い、自分のできることを精一杯やっている場合もあるし、「当然よ」と甘受している場合もあります。後者の場合は、周囲の「サイレントキラー病」※5の進行が早まります。

会社のアウトプットの期待も高く、本人のコミットメントも高い場合は、問題なくバリバリとキャリアを積もうとします。この「バリキャリワーキングマザー」として働くときは、あまり問題は生じません。少なくとも企業においては——。ただ、彼女の家庭において問題が生じるか否かは、まさにケースバイケースです。

「本人」と「企業の要求バランス線」が描けない

結果、周囲の負荷増へまっしぐら

ワーキングマザーを図表3－6としてまとめてみました。二軸の真ん中である45度線上、つまり、本人のコミットメントと企業の要求がバランスしている状態にあるとトラブルが少ない。しかし、この状態を上手につくるには、企業側も女性たちが置かれているその環境を精査し、配置する必要があります。これには手間がかかります（とはいえ、言い訳にはなりません）。

人の事情はそれぞれですから、「マミートラック」が悪いとか、「バリキャリママ」がすばらしいとか、その類のことを申し上げるつもりは一切ありません。「バリキャリママ」で長時間、働き続けられるか否かは次々に発生するライフイベント次第です。「バリキャリ」がすばらしいということではありません。

ワーキングマザーを巡るややこしさの原因は、この45度線から外れたところのモヤモヤが本人のみならず、周囲に発生してしまう点でしょう。

会社の求めるアウトプットと、本人のコミットメント度合いが按分《あんぶん》しないのです。この問題が一筋縄ではいかないのは、本来、按分していないことで悩むのは会社と本人のはずなのが、周囲にいる人々にも仕事の負荷上昇という目に見える形になって影響を与えることです。

仕事がある以上やらなくてはいけないというのは、職業人としての基本姿勢です。負荷上昇に対して、どのように感じるかは、本人の解釈次第です。しかし、同じ取り組むのでも、ストレスの有無は本人のモチベーションに大きな影響を与えます。

育休産休による人員不足の発生に際して、企業が何らかの仕組みで負荷上昇をできるだけ少なくした上で、残りの部分をみんなで分けましょう、というのが本来の姿です。企業

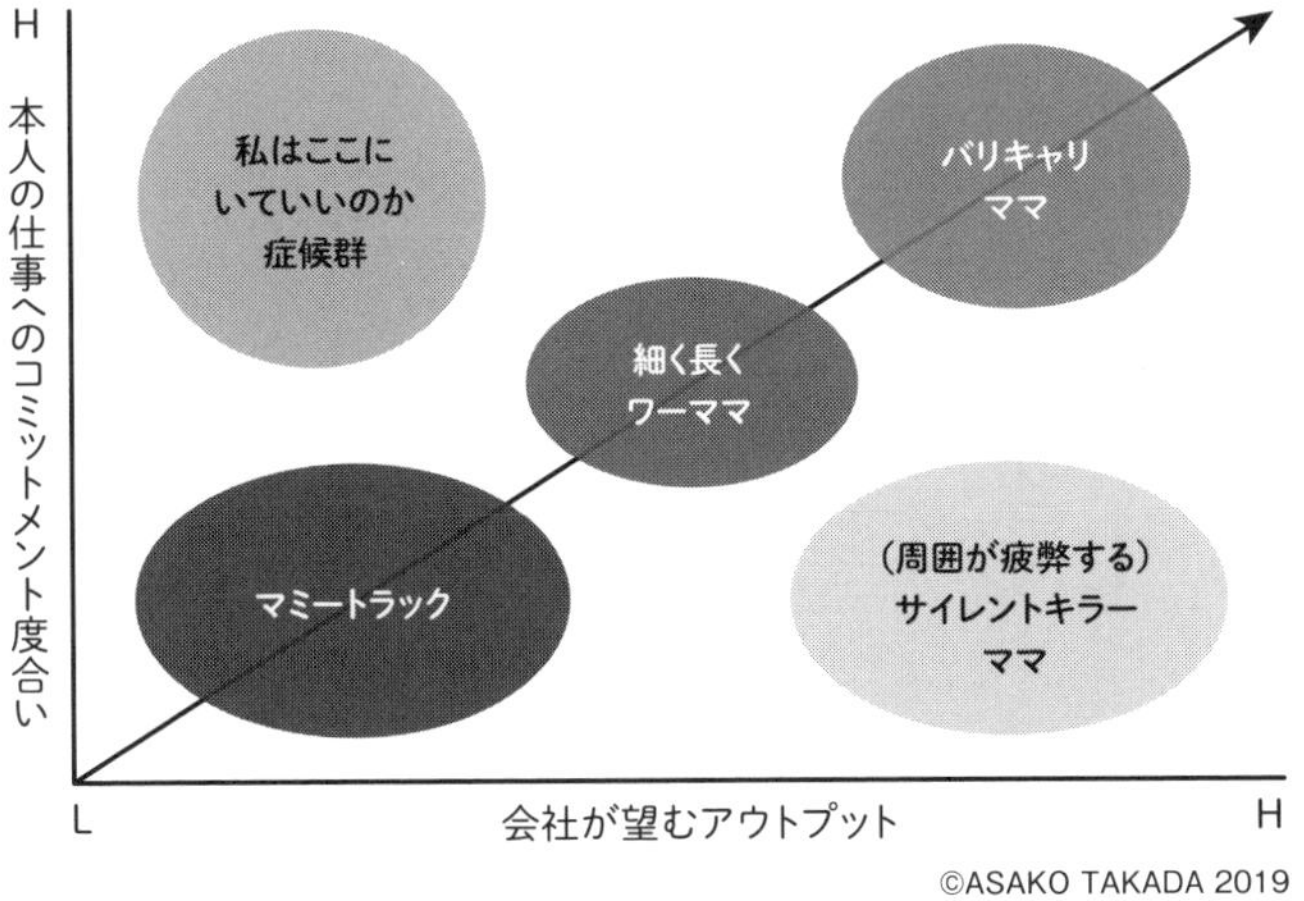

図表3－6　ワーキングマザーと会社の関係

側からカバーをした分はこのように評価します、という明示があるのならば、モチベーションの維持や向上にプラスになります。

しかし現状では、「人がいないから、みんなでカバーしよう」と現場に丸投げになっていることが非常に多い。気合いと根性で乗り切ろうとするのです。よって職業人として目の前の仕事をやらなくてはいけないというプロ意識と追加の負荷の間で、周囲はモヤモヤするわけです。

この点をディスカッションすると、相手のワーキングマザーに対する信頼や信用が高い場合には、結果的には受け入れるという声が非常に多く聞かれました。具体的には、相手がベストを尽くしているのが明らかに理解した場合、相手がこちらに最大限の気を遣っている場合などは、仕方ないことと快く受け入れるというのです。

しかし、相手の仕事の質や仕事ぶりに対して信用がない場合や、相手が「子どもは最優先されるから、自分が働けないのは当たり前よ」という態度で示された場合、あるいは自分には子どもを持つ予定がないのに「お互いさまだからね」などと言われると、モヤモヤがピークに達すると語る声も多く聞かれました。

負荷の調整を現場に丸投げした結果、さまざまなトラブルが発生し、現場が疲弊している。さらにややこしい状態が加速度をつけて発生しているのです。丸投げされた方は仕事をやればやるで、プライベートの時間が減少します。また、やらなければ職業意識との狭間で良心の呵責《かしゃく》にさいなまれる。ある種のダブルバインド（二重拘束）状態となってしまうのです。

事実上、仕事量が減る人がいることで発生する負荷を全員に快く受け入れてもらうことは、不可能です。ただ、お互いに解釈のミスマッチを少なくすることは、努力によってある程度は可能です。しかし、それも何らかの企業からの仕組み上の援助策がないと、長くは続きません。人間は我慢するだけの生き物ではないからです。企業にとって最も打たなくてはいけない手は、フルタイムで働けなくなった人が出た場合にどうするのか、その穴埋め策のはずです。

ワーキングマザー支援にみる悲しい現実

「代替要員なし」を理由に「根性対応」が求められている

厚生労働省（平成28年度／２０１６年）の雇用均等基本調査からの抜粋です。働き方改革の流れで育児休業が取りやすくなった実態が示された後に、仕事という側面から育児休業者にどう対応しているかが示されています。

圧倒的に多いのが、「代替要員の補充を行わず、同じ部門の他の社員で対応した」で、育児休業取得が増えるとともに多くなっています。平成28年度では、53・6％と半分以上が何らかのオーバーワークで、助け合って対応していることがわかります。

日本全体が人手不足の中、代替要員といっても、すぐに補充できるものではありません。また、仕事が高度化複雑化していればいるほど、代替できるかどうかはむずかしい。職場の状況は日本人得意の気合いと根性で、何とかまわしているのです。

このやり方が、決して正しいとは思いません。慢性的な人員不足があるのに仕事を可視化し、代替可能な状態

項目＼年度	代替要員の補充を行わず、同じ部門の他の社員で対応した	事業所内の他の部門、または他の事業所から人員を異動させた	派遣労働者やアルバイトなどを代替要員として雇用した	その他	不明
平成20年度	45.9	21.7	35.7	8.1	4.2
平成28年度	53.6	29.9	36.9	9.5	-

(%)
（複数回答）

出典　厚生労働省「平成28年度雇用均等基本調査」より加工

図表３－７　「育児休業取得者がいた際の雇用管理」の内容別事業所割合

にしていない職場があまりにも多すぎるので、このような綱渡りが続いているのでしょう。

女性が子どもを持って働く。長いキャリアを考えた際に必ず発生する期間です。いままではワーキングマザーこそが、少数派の中の少数派でした。これに対して企業は彼女たちが働き続けることができる時短や育休産休などの仕組みやセーフティネットを積極的に構築してきました。

しかし、支える職場についての仕組みやしかけは、いまだ模索中です。これが今後、日本の最重要課題の一つであることは間違いありません。

第４章

男性たちよ！
上司力を高めよう

①「腫れ物扱いの女性」と「一歩引いて眺める男性上司」

女性を昇進させよう旋風の中、上司たちにはその育成が求められています。しかし、これは多くの上司たちにとって、初めてに近い経験です。

現状で女性部下とのコミュニケーションが上手いと自負している男性上司は少数派です。次ページの図表4‐1は、21世紀職業財団が2015年に行った「若手女性社員の育成とマネジメントに関する調査研究」からの抜粋です。男性管理職の35・2%が同性である男性部下の方がコミュニケーションを取りやすい、もしくは、どちらかと言えば取りやすいと述べています。そして、女性部下の方がコミュニケーションを取りやすいと答えた人は2・3%に留まります。これに対して女性管理職は、19・6%が同性の女性部下の方がコミュニケーションを取りやすく、13・8%が男性部下の方がコミュニケーションを取りやすいと述べました。

女性管理職は、どちらかと言うと、同性部下の方がコミュニケーションを取りやすいと答えていますが、男性部下に接するのと女性部下に接するのでは、あまり大きな差はありません。19・6％と13・8％ですからその差は、５・８ポイントです。しかし、男性管理職は女性部下とのコミュニケーションよりも圧倒的に男性部下とのコミュニケーションが得意です。その差は、実に32・９ポイントです。

はっきり言えば、男性上司は女性部下とのコミュニケーションに困っているというのが、実情でしょう。

「ハラスメント」と誤解されるのでやりづらい

冤罪をかぶる可能性への恐怖

その背景の一つが、最近、上司に蔓延している「ハラスメント恐怖症」です。機械メー

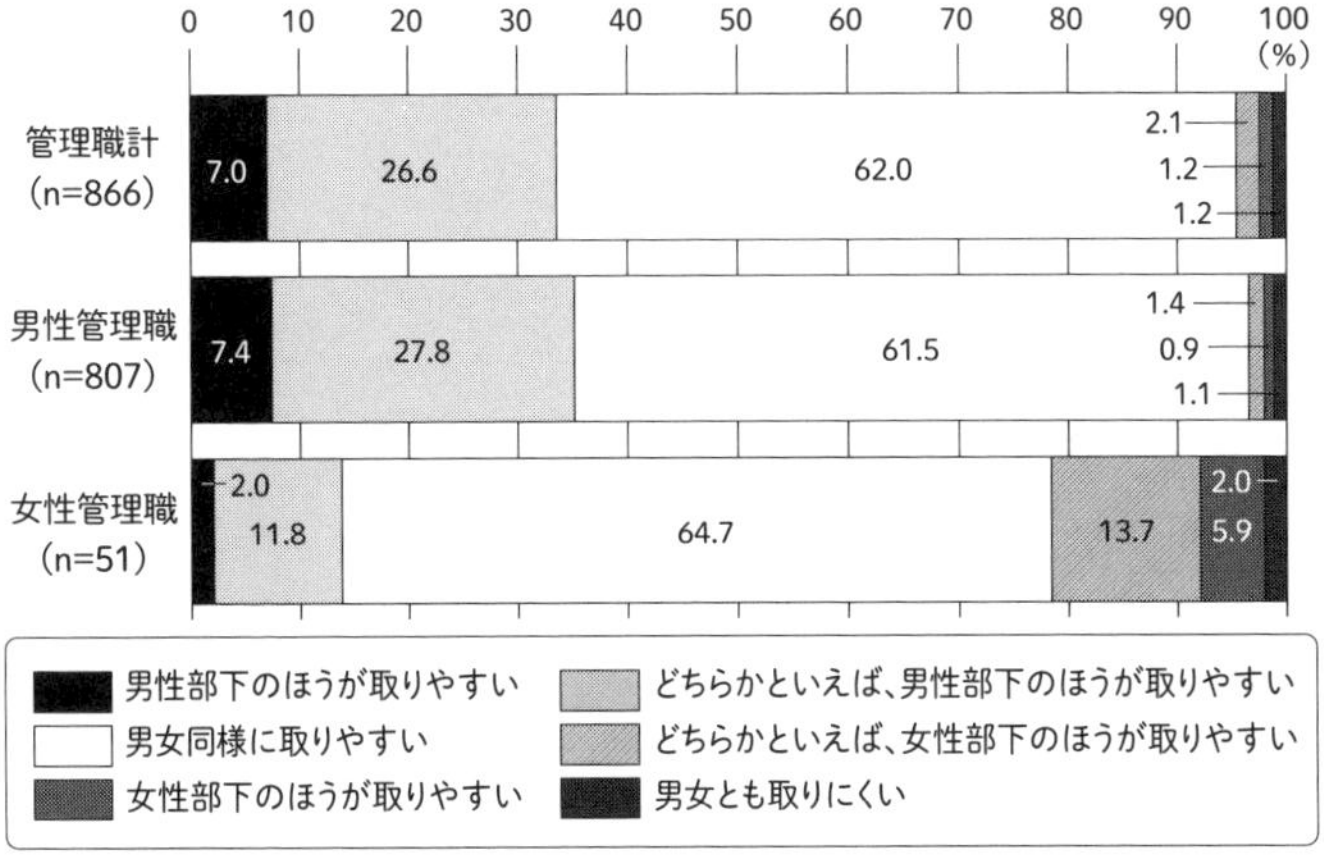

出典　21世紀職業財団「若手女性社員の育成とマネジメントに関する調査研究（2015）」より

図表４－１　「部下とのコミュニケーションについて」の回答

カーの管理職の大内氏の発言が典型的です。

女性は怖いです。こちらが育てようと思ってやったことがハラスメントに解釈されてセクハラ相談室に駆け込まれようものなら、サラリーマン人生は終わりですから。ウチにはそうひどい女性社員はいないと思いますけれど、ときどき聞きますよ。飲み会で個人的なことを聞いたらセクハラ。今後、もっと伸びてもらおうと相手のミスを指摘して指導したらパワハラ。自分が思うことはハラスメントを受けたって騒ぐ女性がいるそうです。

はっきり言って、それは怖い。何か誤解されて訴えられたら困ります。ですから、あまり積極的に女性とかかわろうとは思っていませんね。面倒くさくて女性を育てようという気持ちが萎えていきます。大きな声では言えませんが、あまり熱意はありません。

ハラスメントは相手が不快だと思ったらその瞬間に成立してしまうものですから、必要以上に男性が恐れるのも理解はできます。しかし、「何でもかんでもハラスメント」と訴える女性が、そこかしこにいるわけでは(恐らく)ありません。もちろん、その種の女性が一定数いることは否定しませんが。

次ページの日本総研「女性活躍推進に関する男性管理職の意識調査」（２０１５）では、女性部下を持った経験のある男性管理職の中で、女性部下との仕事をやりづらいと感じたことのある者は、全体の64・9％です。その理由を聞くと、「セクハラやパワハラに必要以上に配慮しなければならない」が、圧倒的で57・5％でした。その後に、「男性部下に比べて女性部下とはコミュニケーションが取りづらい」が29・3％、「時間に制約のある働き方をする女性部下は、仕事の公平な配分がむずかしい」が26・1％と続きます。

驚いたことに男性の3分の2が、女性部下との仕事はやりにくいと感じていて、その理由の筆頭にハラスメントへの恐怖があることがわかります。ハラスメントへの恐怖といっても、自分がハラスメントをしてしまうかもしれないという恐怖ではなくて、ハラスメントの冤罪《えんざい》をかぶる可能性についての恐怖です。

他意なく「結婚しているの？」と聞いたことや、相手の成長のためと思って指摘したことが、セクシャルハラスメントだのパワーハラスメントだのと言われて訴えられたら、その心理的ダメージは計りしれないものがあります。コミュニケーションを取るのが怖くなります。ハラスメントをしたという疑いをかけられることは、その人の人格が否定された

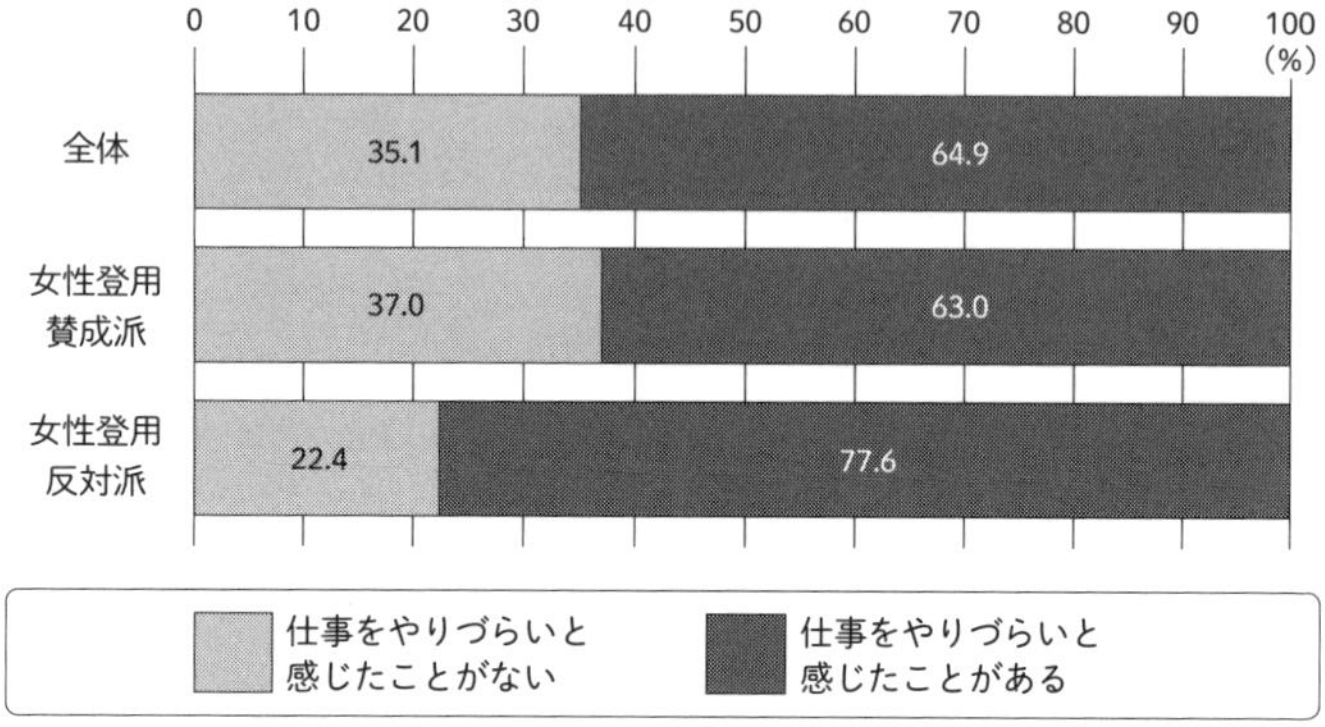

＊サンプル数は、女性部下を持った経験のある442人である。女性部下を持った経験のある人のうち、女性登用賛成派が384人、女性登用反対派が58人である。

出典　日本総研「女性活躍に関する男性管理職の意識調査（2015）」より

図表４－２　女性部下との仕事の経験に対する印象

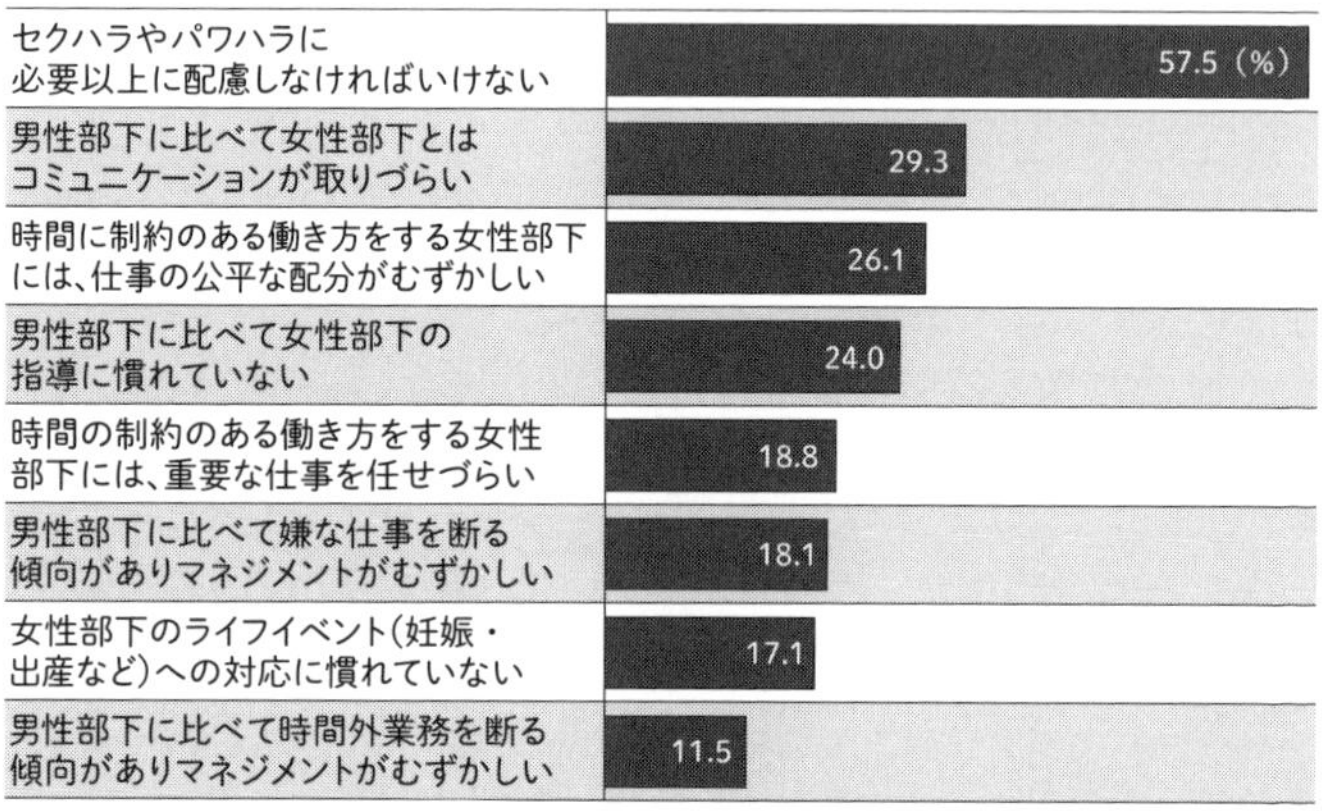

＊サンプル数は、女性部下をもっており、かつ女性との仕事がやりづらいと回答した287人を対象としている。

出典　日本総研「女性活躍に関する男性管理職の意識調査（2015）」より

図表４－３　女性部下との仕事がやりづらい理由

と受け取る向きも多いでしょうから、その恐怖は相当なものだと思います。

現場が過渡期であればこそ
心理学の「恐怖の条件づけ」が起こっている

こう考えていくと、男性たちの女性部下に対する腫れ物に触るような扱いもわからなくもありません。しかし、この種のエキセントリックな事象、つまり、何かを言ったらすぐにハラスメントだと訴えられるという事象は実際に頻発しているのか、という疑問がわいてきます。

この種の事件は存在しますし、気に入らない上司をパワハラとして嫌がらせの意味で訴えたという話は、ネットを賑わせています。しかし、真のいたましいハラスメント案件より圧倒的に数は少ない。心理学で言うところの恐怖の条件づけの現象が、男性に発生しているのだと考えられます。人間はある種の条件が揃うと、それを恐怖と思うことがありますす。これを条件づけと言います。

たとえば、初めてキリンを見た子どもが、その際に偶然、雷が発生してとてつもなく恐怖を覚えたとしましょう。その後、その子どもはキリンを見ると、雷の恐怖をおぼえるかもしれません。これは、「キリン＝怖い雷」という条件づけが子どもの中にインプットされるからです。恐怖そのものは、脳の反応です。しかし、何を怖がるかは、学習によるものです。「女性に何か言うとハラスメントとして認定される」ということが、また聞きの状況で起こります。それが恐怖として条件づけされているのが、男性上司の状態ではないでしょうか。

女性に何か言ったら、必ずパワハラ認定されるというのは都市伝説です。必要以上に女性部下に対して気を遣い、怯えるのは完全に女性に慣れていない過渡期の現象です。上司たちが女性部下を育てるという多くの経験をすることによって、恐怖の条件づけは払拭されます。

現状ではその経験があまりにも少ないので、未知の経験に対する必要以上の恐怖心が発生しているのだと考えています。男性上司が自らのマインドセットを完全に変化させたときに、腫れ物扱いは終了するのだと思います。現在は似たようなおじさんコミュニティから、「新しい働き方（本書風な表現を使うならば、女性マネージャーをコミュニティの中に取り込んだ「働き方改革バージョン２・０」）」への転換期です。戸惑いがあっても不思議はありません。

② 男性たちよ！　上司力を高めよう

どのようにして女性部下をマネージャーに育てるのか。上司力を高めるという視点から考えてみたいと思います。先ほどからマインドセットのズレが、上司力を下げている大きな要素だとお話ししてきました。

しかし、世の中を見渡すと、自分で思っている「こうあるべきだ」と、現実とのズレがあることは有象無象《うぞうむぞう》にあります。女性マネージャーを育成するときにズレが生じているのは、大した話ではありません。必要なところを直せばよいのです。

この問題に限ったことではありません。人間はどのような年になっても、学習し続ける生き物です。一昔前は、青年期以降に人は変化することなく老年になる、衰えていく一方だという理解がされてきました。

しかし、最近の研究では、個人の長年にわたる経験、教育や学習などから獲得していく、言語能力、理解力、洞察力などの「結晶性知能」は60～70歳ごろまで緩やかに上昇し、その後なだらかに低下するものの、80歳ぐらいまでは20歳ごろと同程度の能力が保持されるとされています[※1]。物事の視点を変え、ズレを埋めて新たにマインドセットをつくり直すことは、いつでも可能なのです。本人のやる気さえあればの話ですが。

そこで、ズレに気づき、修正するために必要ないくつかのエッセンスを紹介します。これは女性マネージャー育成にのみ有効ということではありません。人の育成に必要なエッセンスです。第3章で指摘したように、女性部下育成だけが上手い上司はいません。女性部下の育成が上手い上司は同様に、男性部下の育成も上手な上司です。言い方を変えれば、人の育成が上手い上司に他なりません。

「お互いのズレを埋める」ために必要なこと
まずは、脳のスイッチを切り替えてみよう

①興味を持って観察する

図表4－4の絵を見てみましょう。「妻と義母」という名の有名なだまし絵です。美人そうに見える女性の後ろ姿を、興味を持って観察すると、老婆に見えます。だまし絵とし

ては、古典の一つです。不思議なことに、若い女性だと確信を持って見ていると、それ以外には見えません。私はこの手のだまし絵を見ると、きっと老婆が出てくるぞ、と思って見てしまいます。

どうでしょうか。若い女性が最初に、そして老婆（その逆もありますが）が見えてきませんか。老婆が見えてくると、すっかり若い女性は姿を消します。脳のスイッチを切り替えることで二つの絵柄を順番に理解しているのです。一度に二つが見えるようになると、あとは自分で簡単に切り替えることができるようになります。

授業で学生にこの絵を見せると、２パターンが見えてくるまでに学生が真剣な顔で絵を

図表４－４　「妻と義母」のだまし絵

凝視します。頭をフル回転させて絵から何が飛び出してくるのかを待つ様子が、教室全体に広がります。

多くの学生から「あっ、わかった！」の声が多く聞こえるようになっても、ひたすら画面を見入っている学生がいます。学生の頭の中では、多くの仮説が浮かび、それでも見えてこない。一旦、目をつぶり、違うことを考えて、それでも見えてこないときはインストラクションを与えて、ようやく二種類を見ることができます。

片方の見え方が意識にあるときには、もう一方の見え方が消えます。二つの見え方を同時に見ることはできません。脳がスイッチを切り替えることで、同じ絵なのに違うものに見えるというのが、だまし絵の特徴なのです。

仮説を立て、興味を持って観察せよ

視点を変えれば対応方法も見えてくる

だまし絵は、どちらの見方が正しいというわけではありません。一つの絵画がまったく違うように見えるだけです。これは人間が視点を変えたときの見方と、その理解を象徴的に顕わしていると思います。だまし絵を見るときに意識して脳のスイッチを入れ替えたように、スイッチを入れ替えて、物事を見るという作業は、ズレを埋めるために非常に重要です。

だまし絵を若い女性としか見ない場合は、老婆と二通り見える場合と比較すると情報量は半分しかありません。意識的に若い女性しか見たくない、もしくは老婆しか見たくないという方は別として、情報量は多い方がいい。視座を一つにして見るのと、違う視点から見るのとでは、見える風景が違います。

ズレを埋めるためには自ら視点を変えるという作業が、必要不可欠です。いろんな視点から事象を観察するのです。

ただ観察するのではありません。まずは、興味を持って観察しなければいけないのです。ただ見ているのと興味を持って観察しているのでは、入ってくる情報量がまったく違います。

ではここで、好きな人ができたときのことを思い出してみましょう。その人のことに興味を持って観察しませんでしたか？　その人の趣味や仕草やちょっとしたことを真剣に見て、情報収集していませんでしたか？　その結果、その人のことを自分が理解している気持ちになりませんでしたか。興味を持って観察すると、いままでわからなかったことが見えてくる。得る情報量がまったく違うのです。

ベテランの内科医は、問診で患者の病気を8割方は予測できると言います。それは、何らかの不調で診察に来ている以上、訴えに耳を傾け自分の知識をもとに仮説を立て、推論をしながら患者を観察し、質問するからです。医師と患者の場合、診察という確固たる共通の目的があるので推察の範囲が限られています。その意味で、この高い予測可能値になるのかもしれません。

私の知っているある製造業の中小企業の社長は、朝礼で（朝のミーティングという表現よりも、朝礼という言葉がぴったりする会合）従業員の顔を見て、その後、挨拶程度のやりとりをすると、体調がいいのか、トラブルを抱えていないのかなど彼らの状態がわかると力説します。この種の「顔を見ただけでわかる人」の話は、いたるところで聞きます。

特に工場などの顔をつき合わせて働く必要のある職場で、多く耳にします。聞くたびにこの人は妖怪なのかという疑問と、半分眉唾だな、という猜疑心で身構えてしまいます。でも社長本人が強い関心と感度を持って、仮説を立てて従業員を見ているというのが、この話の大切なメッセージだと思います。

興味を持って観察することによって、手に入る情報量が「ボッーと見ている」ときとは圧倒的に違うのです。そして、そこで得た多くの情報を冷静に見直して、自分のやってきたこと、やろうとしていることを分析してみると、自ずとズレが浮き上がってくるはずです。

このズレを素直に認めることが一番にやることで、最も重要なことです。その上で、今後、どうするのかという戦略を立てる。ひょっとしたら自分が持っているマインドセットでは、対応できないのではないかと考える。そして新たに対応のための「こうなりたい」という行動の規則なり、マインドセットをつくるという一連の行動を開始するのです。

その場しのぎの共感になっていないか
「耳あたりのいい言葉」にこそ要注意！

男性上司向けの雑誌記事や研修で「女性は共感が好きな生き物です」「共感力をつけましょう」という種類の話を多く聞いたり、見たりするようになりました。ウェブで行われる上司力に関係した調査では、必ず「部下の発言に共感することがよいチームをつくるために必要」であるとか、「女性は上司に共感を求める」という文言が並びます。
そのたびに私は、そう簡単に共感ができるものなのだろうか、という気持ちになります。もっと言えば、私は安易に「（あなたの気持ち）わかるわ〜」という人間に対して、本能的に身構えてしまいます。人間は複雑な生き物で、そう簡単に理解できないと思っているからです。

もちろん、相手に共感して受け止めることは、関係性をつくり上げるために非常に大事な行為です。そのことは否定しません。気になるのは、共感の中身です。単に話を聞いてうなずく程度のことを共感と思っているアドバイスが、非常に多いのです。

私が教室でよく言うことですが、耳あたりのいい言葉でその場しのぎをすると、結局、本質には到達しません。

共感することは、大事です。しかし、共感する前には興味を持って相手を観察すること、自分の枠組みでまず考えること、そして、なぜこの人は悩んでいるのか、行き詰まっているのかを相手の考え方の枠組みで考える。その差異を考える。その上でどうして、このような状態になっているのかを理解しようと試みる。これらの一連の作業を通して初めて共感というものが成り立つのです。

共感は誰でもできると思いがちです。単に「相手に言うことを否定しないこと」が共感ではありません。真っ当そうに見えて、具体的な中身についてあやふやなことを言ったり、簡単に納得したりしているうちに、やった気になってしまうのが、困りものです。「そうだよな、なるべく頷いて傾聴してみよう」という気持ちでいるために、やったつもりになって、実は何も変わっていないという状態は、嫌になるぐらいよくあります。共感するには相手のことを知る必要がある。同じ方向を向いていて共感されるのであれば心に響きますが、見せかけの共感は相手から見抜かれます。

人は共感されると、心を許します。しかし、それが口だけの共感であることを見抜かれたときには、その人への信頼感は一気に下がります。誰かを育成しようとしたときに、相手ときちんと向き合うことが不可欠です。

②リフレーミングをする

興味を持って観察することは、対象物を精査することです。これはどんなときでも必要なことです。観察し、情報を得る。そして、再度いろいろな枠組みで考え直すという作業が必要になります。

違う枠組みで考え直すこと、正確に言うと複数のマインドセットで構成されている枠組みを別の複数のマインドセットで組み立て直し、別の枠組みで見ることをリフレーミングと呼びます。上司力を構成する重要な要素の一つは、リフレーミングをする能力だと考えています。

繰り返しますが、これは女性マネージャー育成に限ったことではなく、育成と言われるすべての行動において、非常に重要な行為です。リフレーミングとは文字通り、「re-frame」、つまり、枠組みを変えて対象を見ることです。これは人が自ら意識することによってのみ可能な行為です。

対象についての心理的な構成の仕方を変えて、物事の意味を変化させて改めて理解するのです。リフレーミングすることで、新たな視点から対象物を見直す。それによって新たな情報を得ることと、新たな場面を獲得することができます。

たとえば、第一志望のA高校の入学試験に落ち、滑り止めB校に進むことになった子どもに何というか。一連の心を癒す声がけのあと、将来を考える心持ちに子どもがなったときに、「お母さんは負け惜しみではなくてB校に進むことになってよかったと思う。その方があなたのやりたいことに向いていると思う」という趣旨のことを言うはずです。

大事な点は、「A高校に落ちて残念だったね」ということよりも、「B高校の選択の方があなたの人生にとってプラスになる」というストーリーを、できる限り具体的に想起しやすい事象を示して伝えるのです。

A高校に不合格になって悔しい、自分の思っていた人生設計が崩壊したという重苦しい気持ちをB高校を中心においた人生とそのプラスの影響を語ることによって、新たな枠組みに切り替えさせる。これは不合格という不愉快な事象を、「将来を考える」という新たな枠組みを提供することによって、気持ちの持ち方を変えさせているわけです。

視点を変える、違う枠組み（フレーム）で見ることによって、いままで短所だったことがプラスのことに、まあ、プラスまでは行かなくても受容できるレベルのことになる。これがリフレーミングと呼ばれる心の持ち方を変える方法です。

なぜリフレーミング能力が女性マネージャー育成、いや人材育成に役立つのでしょうか。答えはシンプルです。これは人間を多角的に見ることと同義だからです。先ほどの「妻と義母」のだまし絵を思い出してみましょう。老婆だと思って見ると老婆にしか見えない。老婆を見ながら若い女性を同時に見ることは、人間の認知機能としてできません。

老婆だな、と思ってみて、次に若い女性だな、と思って見る。二段階に認知を切り替えてこの絵の持つ二通りの情報を手に入れることができます。違う枠組みを意識して見ることによって、新たな側面があることに気づくのです。人は複雑な生き物です。一つの側面が必ずしもその人を表しているとは限りません。枠組みを変えてみることによって、新たな情報を得ることが可能です。

部下に対して、同僚に対して、状況をリフレーミングして見せる。新しい視点で新しい世界を示す。これは男性であれ、女性であれ、行き詰まっている事態に対して、違う角度からのアプローチが示せることと同じなのです。

部下の立場からすれば、いままで考えてもみなかったような視点を与えられることによって、追い詰められていた気持ちが楽になるかも知れませんし、ストレッサー（ストレスの原因）がなくなるかもしれません。

何より自分で事態打開の一手を考え出せる端緒になるかもしれません。上司とのやりとりにおいて、部下が自分だけでは到達しなかったアイデアを生み出す。これは重要な「上司力」の一つです。

男性上司こそリフレーミングを習慣づけよ
「女性は感情的」というのは、視座が狭すぎる

リフレーミングは、上司本人にも必要です。特に、「おじさん社会」が当たり前だと思っている時代を生き抜いてきた男性上司は特にです。一度、自ら置かれている状況をリフレーミングして再度考えてみてください。上司世代はおじさん全員で同じ方向を見て走ることが求められ、それが昇進という生存競争の最重要ファクターでした。しかし、現在は確実に昇進で求められるファクターが違っています。

かなり昔に、鉄道会社勤務の友人から聞いた話です。彼の勤務する会社が女性の乗務員の採用をはじめたときに、「何かあったときに腕力がない上に、すぐ感情的になる女性では対応できない」と、内心では反対していたそうです。会社の経営企画室にいた彼は、積極的に反対ということは立場上できなかったので、彼の言葉を借りると「生暖かく」無視していたと言います。中高一貫男子校から名門大学に進み、子どもも息子２人という彼にとっては、女性そのものへの視点が非常に画一的でした。

ところが、蓋を開けてみると女性乗務員の運転は丁寧で、乗り心地がいい。乗客からの評判も上々という数値的なデータが上がってきました。男性乗務員と比較しても、乗務スキルを表すさまざまな数値に遜色がなかった。そして、トラブル対応も感情的になることなどなく、むしろ男性乗務員よりトラブル対応後のクレーム比率が圧倒的に少なかった。

この結果を見たときに、完全に女性乗務員に対する考え方、もっと言うと、女性社員をどう見るかという視点が変わったそうです。女性だからできない、ではない。いろんなやり方があっていいという当たり前のことに気がついたのです。私からすれば、「何と当然のことをいまさら言っているんだ、この昭和オトコ（私と同年代です）は」と思いつつも、女性のことを認めた事実をうれしく思ったものです。

「女性は感情的である、弱い、機械操作が苦手だからだめだ」という一つの視座、一つのフレームからしか事象を見ないでいると、手に入る情報は断片的です。いろいろな視座からみること、フレームを変えて考えることで、もっと違う、より大きな世界が見えてくるのです。その後、彼は嬉々として仕事に取り組み、いまでは部下指導力の高さでは社内で定評があるそうです。リフレーミングすることで、いくつになっても人は変わるものだと、感心しました。

業界をあげてのリフレーミングで成功した事例も

「性別で見る」のではなく「技術者として見る」

業界をあげて女性に対してリフレーミングをしているのが、大手建設業界です（残念ながら、中小建設業界は発展途中です）。女性の登用、特に、女性技術者の登用についてリフレーミングに成功している好事例だと思います。いままで建設業界は男臭い世界でした。現在でも女性社員は全体の１割以下というところが、ほとんどです。ところが２０１５年前後からいわゆる大手ゼネコンは、積極的に新入社員の女性比率を拡大し、２０１７年度は18％になりました。数値は低いですが、経緯からすると活気的なことだと思います。

人手不足の中で大手ゼネコンは、資格を持っているのに、その資格を有効に活用していない女性技術者に目をつけました。技術者不足は深刻で、今後より深刻になることは目に見えていました。建築現場は男性社会だから男性に合わせる、というマインドセットを捨て、女性も含めて技術者という職種の人が働きやすいように新しくつくるというマインドセットにリフレーミング（転換）したのです。

たとえば、いままで男性のSサイズしかなかった作業着を女性用につくり直す。これで作業が格段に快適にかつ安全にできるようになります。作業場に女性用のトイレや休息室をつくる。驚いたことにそれまで現場は、トイレの男女共用が当たり前でした。多くの女性技術者は、現場でトイレに行くことを我慢していたと言います。

機械を女性の手にも合うように小さく軽くする。技術の進歩によって筋骨隆々の男性が重い機材を動かして作業することが標準だった現場が変わりました。ハイテク化にともなう軽量化・省力化で筋肉はいらなくなったのです。

一見つまらないことのように見えますが、これらの施策が出てくるまでは、「建築は男性がやるもので女性は引っ込んでいればいい、どうしてもやりたいんだったら、男性と同様にするんだったら認めてやる」「建設業イコール力仕事」とばかり、屈強な肉体を持たないと戦力にならない、という考え方が基本でした。

いまでもそのマインドセットのままの人もいます。しかし、人手不足で多くの企業は「女性なんかでも」職場にいてくれないと物理的に現場が回らない状態となり、女性が働きやすくするためにはどうすればいいかをスクラッチから考えはじめました。ハイテク化を進めることによって、筋骨隆々の肉体は、マストアイテムではなくなったのです。

この一連の取り組みで建設業界は、女性技術者を獲得することに成功しています。男性しかいなかった職場に、女性という新たなメンバーが加わることによって、新しい視点を獲得することになりました。同じような人たち（男性）だけでは気がつかなかったアイデアが活発に出されるようになり、副次効果として仕事の幅が格段に広がった。これは画期的なことです。

性別というマインドセットで見るのではなく、技術者というマインドセットで対象の人を見ると、その人が持てる技術を最大限発揮できるようにするためには、どう環境整備をすればいいのかを考えるようになります。性別から職能にリフレーミングすることによって、新たな雇用の獲得と仕事の幅を獲得できるようになりました。

「女性は〇〇である」は、すでに時代遅れ

旧態依然の「阿吽の呼吸コミュニティ」を見直そう

「女性は〇〇である」というマインドセットを捨てること。すべてがそこからはじまります。女性は弱い、女性はよく辞める、女性は力がない、女性はおしゃべり、女性は……。

これらはすべて、自身の持っているマインドセットであり、それらが束になってつくられた自家製女性フレームです。

その多くは、自身の過去の経験から形成されています。もしも過去の女性部下の経験から形成されたものであるとすれば、前にも指摘した通り時代遅れになっている可能性が非常に高いのです。現代の女性はそう簡単には辞めませんし、もともと一生働くものだと思って、社会に出ている人が多い。働きやすい環境もつくられています。そもそも男女に、能力差はありません。あるのは個人差です。

建築業界が、「女性を男性より筋肉がないから使えない存在」から「ハイテクを使いこなす技術者」へマインドセットをリフレーミングしたように、職業人という枠組みで見直してみることは有効な方法です。あまりに読者のみなさんの持つ女性のマインドセットが強烈すぎるのであれば、すべての女性という文字を頭の中から消して考え直すことです。

その上でその状況において、必要なモノとコトを書き出してみてください。女性という文字を取ったあとに何が必要なのか。その枠組みで再度、状況を見直すと「女性だから○○である」から解放されて考えることができるはずです。仕事上でやらなくてはいけないことに男性も女性もありません。

③言語化能力を磨く

いままでの男性中心社会では、阿吽の呼吸が成立する関係を多くの人と、もっと言うと評価者である上司やその周辺の人と関係を築くことが非常に重要でした。長時間労働がスタンダードだった時代に、上司や同僚は家族よりも圧倒的に多くの時間を共有する存在でした。その上、組織を構成する似たもの同士の「おじさんコミュニティ」は相手のことを察し、阿吽の呼吸でことを進めるのには適していました。いちいち説明しなくてもバックグラウンドが同じなので、理解しやすかったのです。

阿吽の呼吸が成立する大前提は、長時間一緒にいることです。長時間一緒にいなくても、相手に対する観察力が鋭く、相手の思考パターンや置かれている環境への理解力が高い人は、阿吽の呼吸を成立させることができます。いずれにせよ、阿吽の呼吸が成長する要件は以下の三点です。

・進むべき方向性と、やらなくてはいけないことをお互いが理解していること
・その瞬間のやらなくてはいけないことの選択肢が、ずば抜けて多くないこと
・どちらか、もしくは両方が相手の考えや行動を予想しようと努力していること

引退した全日空の客室乗務員の方から話を聞いたことがあります。彼女が入社した高度成長期は、「お客さんの背中を見てお客さんの欲しいものを察して、阿吽の呼吸でお出しするのが、サービスで最も大事である」と先輩からも教官からも教わったそうです。

当時の飛行機は、ＹＳ11でしたからせいぜい60人です。60人が機内で欲しいと思っているものやコトを察するのは、比較的簡単です。そして昔は、飛行機は非常に運賃の高い乗り物でしたから、顧客セグメントは限られていましたし、その好みは似通っていました。機内では乗客が客室乗務員に求めることの選択肢は、それほど多くありませんでした。機内では進むべき方向性は、当たり前ですが一緒です。

それが大量輸送時代がはじまり、ボーイング７４７型機、いわゆるジャンボジェットが国内線の主流になったときに、お客さんの背中を見て云々は言われなくなりました。当たり前です。５００人の背中を見て、相手の欲しいものがわかったら魔法使いです。

確かに阿吽の呼吸で欲しいものが機内で出てきたら、乗客は快適でしょう。機内で欲しいときに毛布や飴が出てきたら誰でも感激します。昔の機内は、阿吽の呼吸が成立する要素がすべて揃っていました。

ですからお互いに阿吽の呼吸で出てくるサービスを求めてもおかしくない環境でした。

しかし、現在では不可能です。客の選択肢も航空会社がサービスにかけるコストも多様化しすぎているからです。

相手に説明する手間を惜しまない
「伝えたいこと」があったら「わかるように」に話す

職場に視点を戻しましょう。同僚ときつい仕事やプロジェクトを一緒にやり、いわゆるバディ状態になっている場合は、「あいつとは阿吽の呼吸で話が進むからやりやすい」と感じるでしょう。それぞれの立場で対等にやりとりしているうちにチームとして機能しはじめ、相手の考えがお互いに口に出さなくてもわかるようになった。これはお互いに相手の考えを理解しよう、その後を予測しようと努力した結果です。加えて一定の時間を一緒に過ごした産物です。

協働作業において阿吽の呼吸が成立するのは、どちらかが非常に長い時間をとり、相手に興味を持って観察しているからです。

社内における阿吽の呼吸の恩恵を受けるのは多くの場合、説明する手間が省ける上位職にある人です。説明とは多くの場合、面倒くさい行為だからです。

図表４―５は、二人の仕事上のやりとりを図式化したものです。

阿吽の呼吸というのは、相手に状況を説明し、理解をすり合わせるというプロセスを飛ばします。いきなりＳＴＥＰ１からＳＴＥＰ３まで段階を飛ばすことになります。場合によっては、ＳＴＥＰ４まで飛ばすことができるかもしれません。いずれにせよ、大幅な時間の短縮になります。相手にわかるように説明するという作業は、最も時間がかかります。これがＳＴＥＰ２とＳＴＥＰ３です。これらのステップを飛ばすことができるのです。

他人同士ですから状況の理解が二人で合致しているかというのは、正確なところわかりません。しかし、お互いの意見を交換するというプロセスで、微調整できるぐらいの

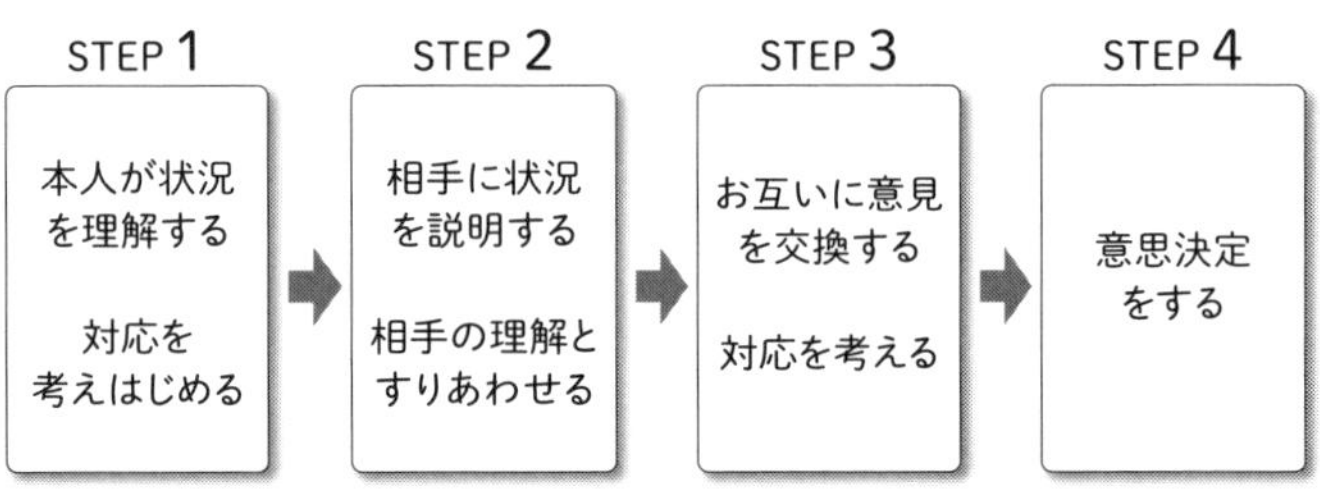

図表４－５　協同の「4つのステップ」

ブレ幅である必要があります。似たようなバックグラウンド持つこと、多くの時間を共有することなどのかつての「おじさんコミュニティ」の仕事のやり方は、このブレ幅を少なくするために非常に有効でした。

断言しますが、企業において、今後はかつてのような阿吽の呼吸を求めることは、ほとんど不可能になります。女性、外国人を含めていろんな人が意思決定に関与していることが避けられないからです。まったく無理だとは言いません。細やかにコミュニケーションを取り、お互いの考えを理解し合い、お互いの行動を予測し合えるような関係を相手とつくることができたら可能です。しかし、非常に時間がかかります。

今後、阿吽の呼吸の前提条件の一つであった長時間のコミットメントは、むずかしくなります。「働き方改革」が謳われる時代では、長時間労働は主流ではないからです。お互いに察し合って先を読み合うことを相手に求めるのは不可能です。

そこで最も必要となってくるのは、言語化能力です。状況を説明する。自分の置かれている環境、やりたいこと、自分の心情を相手にわかりやすいように言葉で説明する。図表４－５の軽視されていたＳＴＥＰ２とＳＴＥＰ３を漏れなく丁寧に言語で（ひょっとしてｗｅｂ上であればイメージで）表現することが、不可欠になります。「察してくれよ」では、話が進まないのです。

ここまで読んで絶望的になった上司の方がいるかもしれませんね。「自分は口下手なんだ、どうしよう」と思ったかもしれません。しかし、恐れるに足りません。言語化能力は、おしゃべりが上手いことと必ずしも同義ではないからです。

言語化能力とは、伝えたいことを相手がわかるように話す能力のことです。

言語化能力は大きく分けて二つの要素で構成されています。「伝えたいこと」と「相手がわかるように話す」です。「内容」と「話し方」です。この二つの要素のどちらが欠けてもいけません。

伝えたいことは何か。これを明らかにすることが重要です。教室で「上司が何を言いたいのかわからない」ということに悩む部下の声を聞くことは、数限りなくあります。ひょっとしたら、上司自身も何を伝えたいのか確信がないのかもしれません。何を伝えたいのか。これをきちんと整理することが、最初にやることです。

自分の意思決定を相手に伝えたいとしましょう。重要な意思決定であるならば、そこにたどり着くまでの環境分析や条件分析も一緒に伝える必要があります。伝えたいことは多くの場合、複雑です。根幹があり、それをサポートする構成要素があります。

ここで重要になるのが、相手にわかるように話すという、相手を思いやる心持ちを持つことです。相手がわかる順番で、相手にわかりやすい言葉で話すことが求められます。「何が言いたいのかわからない」とされる上司の話し方の多くは、自分がわかった順番で、なおかつ物事が発生した時系列で話すので、聞いている方は、何を言いたいのか、どうしたいのか、最終到達ポイントがわからないので混乱するのです。

相手がわかるように、環境要素と意思決定の関係を説明する。すべてを描写する必要はありませんが、相手の理解度がアップするように配慮しながら説明することが求められます。この場合、自分の中で、話したいことの内容が構造化されている必要があります。

重大なこととの場合は、メモをつくり、文字化してみるのがいいかもしれません。思考と言語はセットです。考えることは、言葉にすること、文字で見ることによって、より研ぎ澄まされていきます。

興味を持って相手を観察していると、相手の理解力や置かれている現状などの情報がわかります。その上で、相手がわかる言語で相手のわかりやすい順番で説明すると、相手の理解は格段に上がります。いままでの似たもののコミュニティでは、これらのことにわざわざ気を配る必要がありませんでした。しかし、女性を昇進させよう旋風が吹き、その上、国際化が進み、外国人までもがチームメンバーになった現代では、相手がわかりやすいように話すことが強く求められます。

私が教室でＭＢＡ学生たちに耳にたこができるように話すのは、「10歳児にわかるように話しなさい」です。10歳児は恐ろしく子どもの部分と大人の部分が混在した存在です。むずかしい専門用語を言っても彼らは思うように動きません（わかる子どももいるでしょうが）。

10歳児が完璧に理解するように話すには、ある程度シンプルに、そして本質を突いて話すことが求められます。つまり、こうした子どもの理解をうながすときのように話すことを心がけること、繰り返しトレーニングすることによって、言語化能力は確実に向上します。そして、それは上司としての自分を守る武器にもなるのです。

④出口のある修羅場を与える

人は修羅場と戦う経験で成長します。修羅場を経験することなしに、昇進することはその人の成長プロセスで必要なコトやモノを得ずに、次のステップに行ってしまうことです。かつて上場企業の経営企画室勤務のビジネスパーソンに「あなたが一番成長したのはどんなときですか」という調査をしたことがあります。

一番多かった答えが「自分の実力よりも少し上の仕事をして、何とかアップアップしながら達成したときでした。不思議なことに、その仕事の成功、不成功はあまり関係ありませんでした。やり遂げたことが重要だったのです。そして、本当にピンチのときに、上司がさりげなく救いの手を差し出してくれたというエピソードが、さまざまなバージョンで語られました。

自分の実力より少し上の仕事というのがミソで、頑張れば何とか手が届くような仕事を上司が与えていることになります。これは、上司が部下に興味を持って観察していて、部下の正確な実力を知っているからできていることと、同義です。

偏差値35の人に「6カ月後に偏差値75の国立大学を受けなさい」と命令すれば、それは実現可能性が低いことです。不可能とは言いません。一つの科目だけをやっていれば偏差値を上げることは可能かもしれません。しかし、高偏差値の国立大学は受験科目に5教科7科目を求められるので、すべての科目でかなりの点数を取ることが必要で、圧倒的に時間が足りない。合格ということが第一の目標であるならば、その人の学力を正確に推し量って、志望校を決めトライさせるというのが王道でしょう。

これと同様に、部下の能力をきちんと観察して知っていて、実力以下ではなく、飛び抜けて実力からかけ離れていない的確な程度の仕事を与えられることは、上司にとって非常に重要な能力の一つです。そして、部下の奮闘を見守り、興味を持って部下の奮闘を観察し、必要とあれば援助の手をさし伸べる。部下に取ってみれば、悪戦苦闘しながら仕事に取り組むことで自分の能力を磨くことができる。また、仕事を通じて、新しい人脈を得ることもできるかもしれません。

注意しなくてはならないのが、修羅場の出口が必要だということです。出口のない修羅場はメンタルを壊します。出口をつくってあげることができるのも、職位が上で見える範囲が部下よりも広い（はず）の上司の役目なのです。最後に、「あなたの上司力をあげるためのチェックリスト」を示して、第4章は締めくくりたいと思います。

〈あなたの上司力をあげるためのチェックリスト〉

1. 仕事そのものを見ていますか。何が必要かを要素に分解できますか。
2. 仕事のゴールは何ですか。明確に言語化できますか。
3. 女性部下の女性の部分を外し、ただの部下として見ることができますか。
4. 興味を持って部下や物事を観察していますか。
5. 性別に関係なく部下を評価できますか。
6. 相手にわかるように物事を説明できますか。
7. こうあるべきだというマインドセットやフレームに意思決定が引きずられていませんか。

第５章

組織で女性たちを育てる

若者にも増えつつある「昇進したくない症候群」

① すべてを「およびび腰」のひと言で片づけるな

人手不足は深刻です。女性を育て、女性がマネジメントに参画する。これなしには、近い将来に企業システムはかなりの確率で立ちゆかなくなります。政府や企業が「女性を昇進させよう旋風」を吹かすことに一生懸命なわりに、女性たちは冷めている。現状には何も言えない閉塞感があります。バリバリ働きたいという女性は一昔前よりも増えましたが、まだまだ少数派です。

企業は確かに多くの時間とお金をかけて女性が働き続けられる仕組みづくりをしてきました。図表５－１は、育休産休をとって働き続ける女性の状態を5年ごとに示したものです。

子どもを持っても育休産休を使って働き続ける女性の数が、早いスピードで増加していることが明らかにわかります。これは企業の直近10年の取り組みの成果と評価できます。

一方で、育休産休の整備は大企業を中心になされていますから、中小企業ではまだまだ仕組みづくりそのものが遅れています。企業規模にかかわらず妊娠したり、出産した女性の継続的な雇用を求めていない企業がいまだに多くあるのも事実でしょう。出産退職が依然として妊娠前有職者の半分弱を占めているのが、それを物語ります。

では、育休産休の仕組みができあがりつつあったとしても、依然として昇進したくない症候群の女性の方が多いのはなぜでしょうか？

人は自分に不利益が生じると判断した際にはおよび腰になります。一方、困難があったとしても、達成した際に何らかの旨味が自分にあるのならば、取り組み方は変わります。積極的な姿勢になります。

育休利用者が増えたのも、その理由の一つなのでしょう。つまり、育休をとっても働き

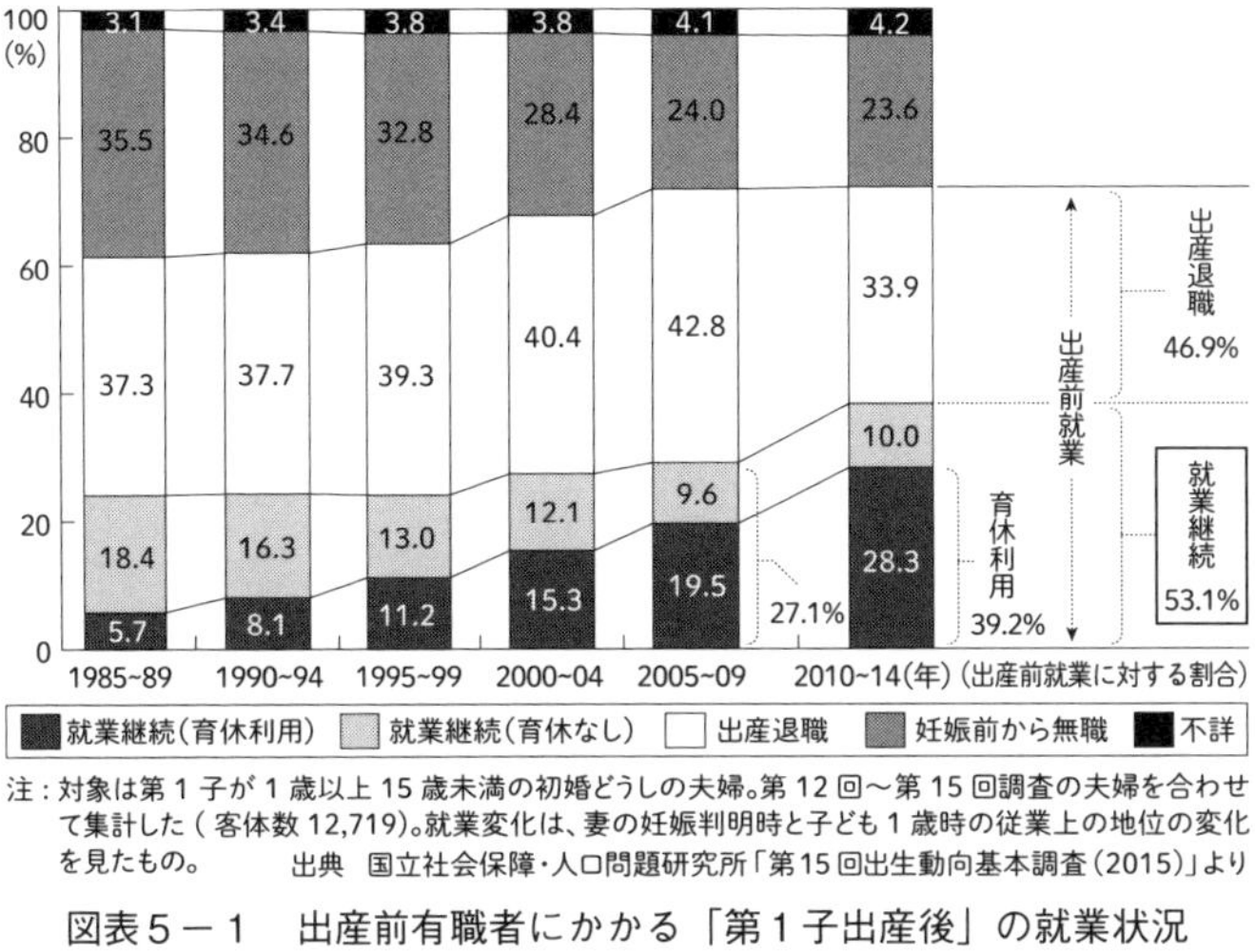

注：対象は第１子が１歳以上15歳未満の初婚どうしの夫婦。第12回～第15回調査の夫婦を合わせて集計した（客体数12,719)。就業変化は、妻の妊娠判明時と子ども１歳時の従業上の地位の変化を見たもの。

出典　国立社会保障・人口問題研究所「第15回出生動向基本調査（2015)」より

図表５－１　出産前有職者にかかる「第１子出産後」の就業状況

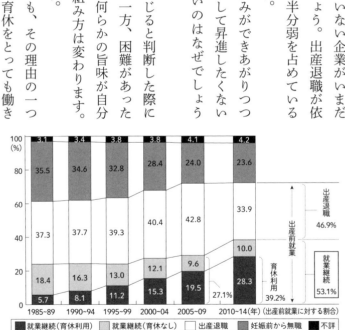

続ける方が自分たちの人生にとって得であると判断したのです。

すべてが利害で決まるわけではありませんが、大なり小なり影響を受けやすい。多くの女性たちにとって昇進することは、現状においては旨味がそこまで多くないと判断されているのです。上司が積極的に女性マネージャー育成に動いたとしても、企業そのものの方針が変わらないと、笛吹けども踊らず状態になるのです。

「昇進希望者なし」をおかしいと自覚できるか

いまこそ組織のあり方を見直そう

昇進したくない症候群は女性に限ったことではなく、近年は若者全体に増えています。２０１８年の日本生産性本部新入社員意識調査※1によると、「将来、管理職になりたくない」と答えた新入社員は31・９％です。

その最も大きな理由は、「自分の自由な時間を持ちたい」の45・４％でした。会社とともに人生があった世代と比較すると、隔世の感があります。平たく言えば、若者にとって、管理職には旨味がないと見られていることになります。

昇進したくない症候群の人々に対して、好きにすればいい、と切り捨てることもできるでしょう。まだ大企業であれば、現場の人手は不足していても企業経営の人材については、現在は切迫した環境にないでしょうから。

でも、ここで少し立ち止まって考えてみてください。企業経営に興味がない社員が増え、興味がある社員が仮にできの悪い人材ばかりであったらどうしましょうか。一般論ですが、会社の状態が悪くなると、真っ先に外に出て転職できるのは優秀な社員です。できの悪い社員の方が会社に張りつきます。外部人材マーケットで評価を獲得することができないからです。あるいは昇進したくない理由が、企業とその事業に対して魅力がなくなっている結果だとしたら？

これは放っておくわけにはいきません。バラエティに富んだ多くの人がいて、「自分たちの会社」のために何とかしたがっているという状況の方が、よほど健全な企業です。確実に言えることは、「おじさんコミュニティ」が中心の従来組織からいろんな人が育ち、いろんな人を育てられる組織に変化するために、企業は自らを見直す時期を迎えているのです。女性マネージャーを育てようと考えているのならば、なおさらのことです。

②「捨てる勇気」が求められる働き方改革2・0

「おじさんコミュニティ」から、女性や外国人、障害を持った人など多様な人々が暮らしやすい社会にならないと組織は生き残れません。今後の新しい働き方を進めるのならば、いままでのやり方や考え方を捨てる勇気を持つことが、不可欠になってきているのです。

組織に革命を起こそう、などというつもりは毛頭ありません。極端なことを短期間に行うと、必ず揺り戻しで反対方向に向かうという習性を組織は持つからです。揺り戻しを押さえるためには別の方向からの力が必要になりますから、余計な混乱を招きます。多くの場合、急激にいままでの価値観を全否定して、極端な方向に進むということは得策ではないのです。

そんなことよりも、日本企業がしなくてはいけないのは、いままでのやり方の棚卸しをし、不必要なものを捨て、新しいやり方を取り入れる。何より「おじさんコミュニティ」のマインドセットを「おじさん以外の人々も中心部に入れる」マインドセットに更新することです。

いままでの時間軸のとらえ方を変えよう

「投入時間で仕事の評価」をするのはもう古い

①共有した時間の長さで他人の評価をしない

繰り返し述べてきたように、企業が最初に捨てなくてはいけないのが、時間軸でものごとの善し悪しを図るというクセです。これまで部下への評価基準を形成する要素の一つは、ともに過ごす時間の長さでした。これは明文化されているわけではありませんが、会社という共同体に対する忠誠心の証しとして可視化しやすい一つの指標でした。Kato, Kawaguchi and Owan（２０１３）[※2]は、労働時間の長さと昇進には正の相関があることを指摘しています。

ある時間をともに過ごすことは、「おじさんコミュニティ」にとって非常に重要な行動でした。長い時間をかけて、その人をいろんな角度から評価することができたからです。仕事で、ゴルフで、飲み会であらゆるシーンでお互いに評価することが可能でした。長期雇用が前提であった日本においては、ある種の合理性を持った評価方法と言えました。ところが、一緒にいる時間の長さという伝家の宝刀も現在では、使えなくなりつつあります。

政府が示す働き方改革でも、最重要課題とされたのが労働時間の短縮でした。労働時間の短縮のためには業務そのもののプロセスを見直し、ムダ取りをし、再構築することが必要です。このプロセスをしないと、単なる絵に描いた餅で終わります。

人手不足とグローバルな景気減速のダブルパンチの中で、プレミアムフライデーだの、時短だのという目立ちやすい施策だけが先行した感はありますが、企業は目に見える部分の労働時間の短縮に熱心に取り組みました。その反面、プロセスのムダ取りと総括、そして最終段階の事業そのものの見直しには、あまり熱心ではなかったのです。

仕事そのものの抜本的な変革に手をつけずに労働時間を削られると、仕事を完遂するために行うことは、三つしかありません。

一つめは、仕事はそのままの量で労働時間外も仕事をして帳尻を合わせる

二つめは、仕事を先送りする

三つめは、仕事の内容を時間に合うように見直す

仕事そのものを見直し、ムダ取りをして新しい形を見い出していくのが本来の姿です。

しかし、本業をしながらムダ取りをするのは、ただでさえ人手が少ない中では取り組みにくいことでした。よって、対処療法的にいままでの形を踏襲しながら、無理矢理にでも仕事を回しているのが、企業の現実です。

いまは何とかそれで回っているかもしれません。共有する時間の長さ――投入時間評価を重要視する昔ながらの「おじさんコミュニティ」の法則が、何やかんや言っても形を変えて健在だからです。誰かが「ものすごく長い時間」「ものすごく一生懸命」に頑張って支えているものです。

この種の、ものすごく頑張って自分がボロボロになった人の話を聞くと、私はいつもオランダの堤防を守ったハンス少年[※3]の話を思い出します。オランダで堤防の近くを歩いていたハンス少年が堤防の穴を見つけ、このままだと堤防が決壊してしまい町が洪水になることを恐れ、指で穴を塞ぎます。

ところが、どんどん穴が大きくなったので、次は手で塞ぎます。一晩中、体を穴に入れて塞ぐのですが、堤防の決壊は防いだものの、本人は凍死してしまったという、教科書にも昔は載っていたお話です。

いかにも日本人が好みそうなフィクションですが、ハンスはちっとも幸せな生涯をおえていません。第三者にとっては美談ですみますが（ちなみに、オランダ本国ではこの話はそこまでポピュラーではないと、私の友人のオランダ人は口をそろえます。Nが小さいのではなんとも言えませんが）。本人や家族にとってはとてつもなく悲しいお話です。命を落としたのですから。目の前の仕事を何とか処理しても、体や心を壊してしまったり、亡くしてしまったら、それは何の意味も持たないことを教えてくれているのだと思います。

しかし、この種の「誰かがものすごく頑張って全体を守る」というモデルが、使用不能になるのも時間の問題です。頑張れる環境にある人が少なくなってきているためです。

共稼ぎ夫婦を悩ます「育児と介護」問題
「ダブルケア」を考えるときが来た

まず、図表5－2を見てください。わが国における共稼ぎ世帯数の推移です。専業主婦世帯が減少し、2018年には、共働き世帯が専業主婦世帯の約2倍になっています。この傾向は、今後より強くなると予測できます。

次に、平均初婚年齢と第一子の平均出生時年齢（図表5－3）です。1990年代前半ま

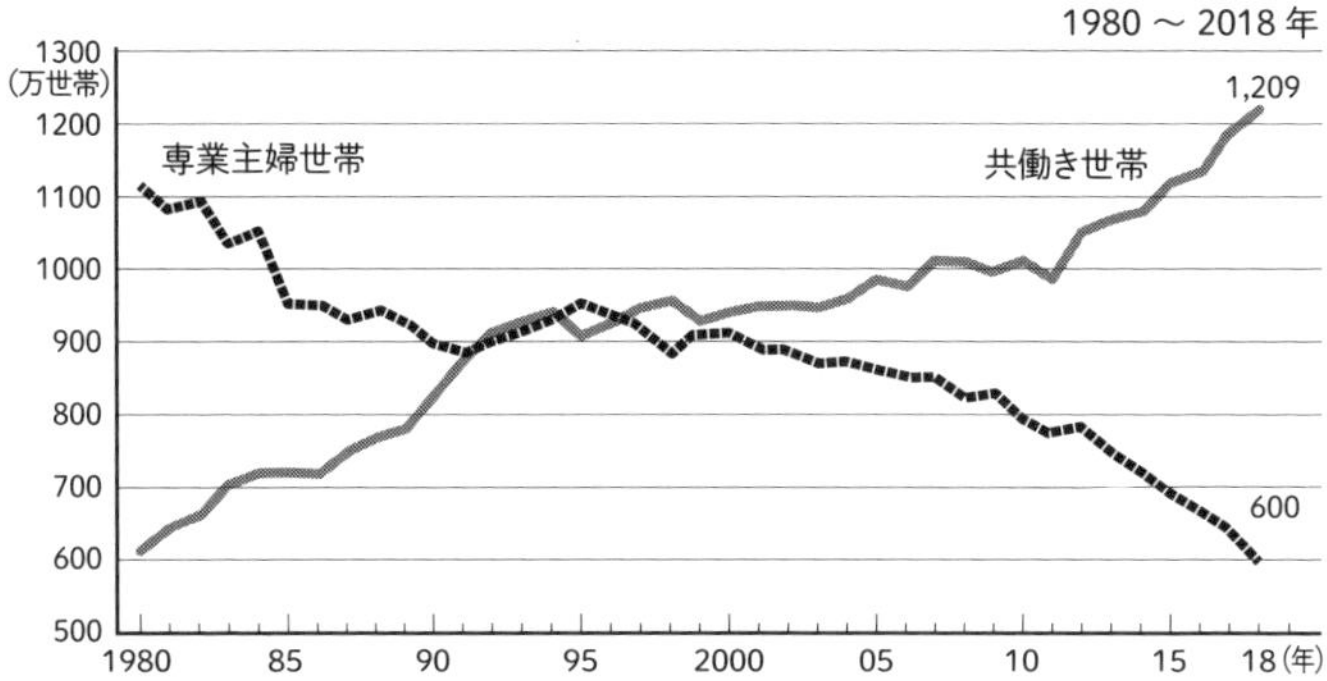

注１　「専業主婦世帯」は、夫が非農林業雇用者で妻が非就業者（非労働力人口及び完全失業者）の世帯。
注２　「共働き世帯」は、夫婦ともに非農林業雇用者の世帯。
注３　2011 年は岩手県、宮城県及び福島県を除く全国の結果。
注４　2013 年～ 2016 年は、2015 年国勢調査基準のベンチマーク人口に基づく時系列用接続数値。
出典　厚生労働省「厚生労働白書」、内閣府「男女共同参画白書」、総務省「労働力調査特別調査」、総務省「労働力調査（詳細集計）」より加工

図表５－２　「専業主婦世帯」と「共稼ぎ世帯」数の推移

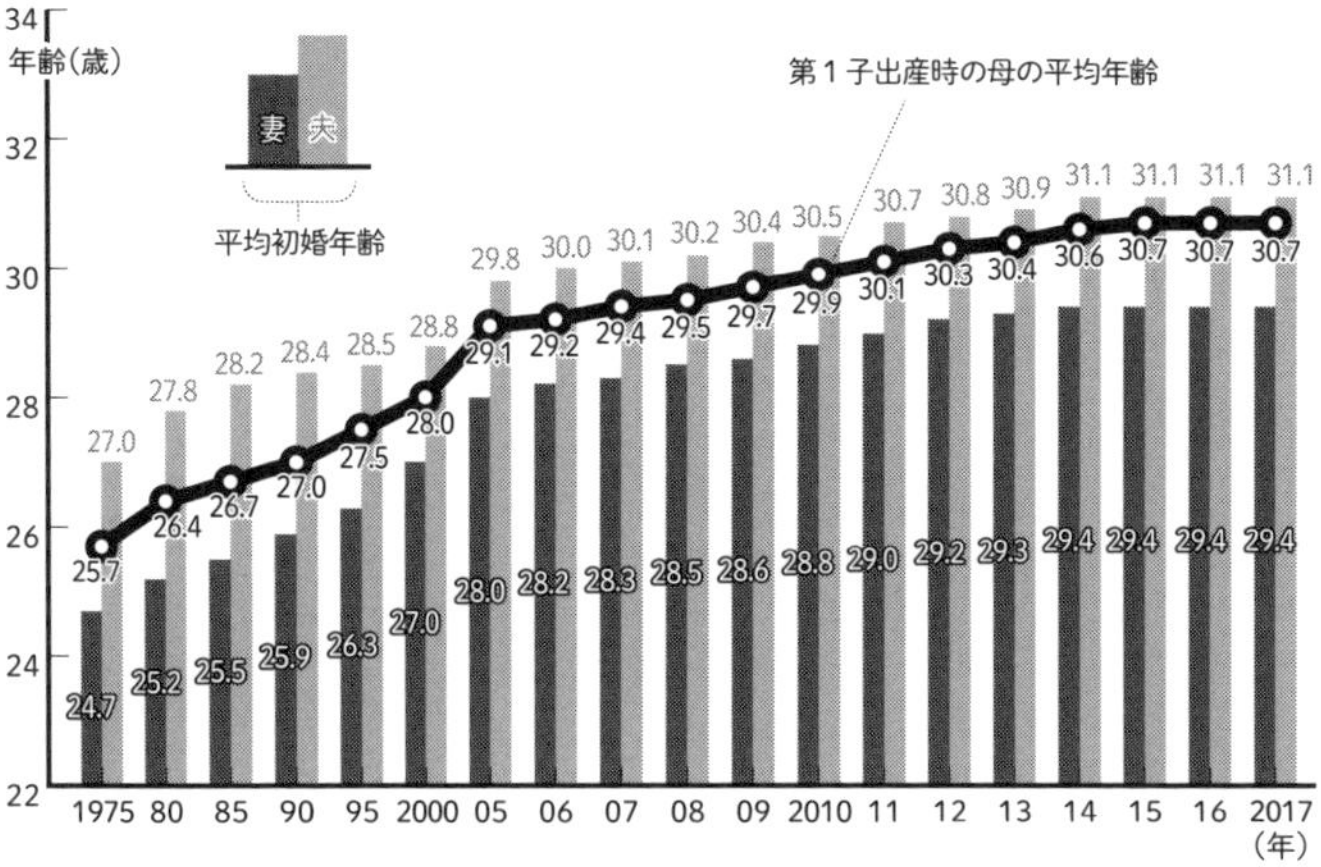

出典　厚生労働省「人口動態統計」より加工

図表５－３　「平均初婚年齢」と「第１子出産児の母の平均年齢」

では女性は26歳前後で結婚していたのが、いまでは30歳手前です。これは全国平均ですので都市部では、より晩婚化が進みます。東京都で現在、東京都が公表している資料と合わせるために、２０１６年を例に取ってみましょう。

男性の初婚年齢は全国平均で31・1歳、これに対して東京都のそれは32・3歳です。女性の初婚年齢は、全国平均で29・4歳、東京都は30・5歳で、男性は1・2歳、女性は1・1歳、全国平均よりも高い。さらに女性の第一子平均出産年齢は、全国平均で30・7歳、東京都は32・3歳で1・6歳、高くなっています。

ここから何が予測できるのか。育児と介護が同時にやってくるダブルケア世代がかなり近い将来に、特に都市部で多く出現する可能性があるということです。こんな典型的なケースを想像すると、わかりやすいかもしれません。

不動産会社に勤める真奈美さんは、33歳で第一子を出産しました。真奈美さんは三人兄弟の末子で田舎の父は70歳、母は65歳です。真奈美さんの夫で大学の先輩だった大輔さんは、34歳で大手設計事務所勤務です。

大輔さんは長男で、両親は70歳を超えています。二人は共稼ぎで、できれば子どもがほしいと思っている。そして、二人とも大卒です。子どもも大学まで行ってもらいたいと考えていますから、どちらかが仕事を辞めるという選択肢は、いまのところ考えていません。

月日が流れ、子どもが保育園に入るときに大輔さんの父親が75歳で脳梗塞になりました。故郷には姉が二人いますが、嫁いでいるので、姉たちが実家に移り住んで両親の面倒を見ることは現実的ではありません。大輔さんは休みのたびに田舎に帰ります。真奈美さんは、ひとりで子どもを育てる状態、いわゆるワンオペ（ワンオペレーション）育児で疲れ切っています。

いくらアクティブシニアの時代と言っても、70歳を超えるといつ何らかの病気になってもおかしくはありません。夫婦のどちらかの親が介護状態になる日は明日かもしれないし、10年先かもしれない。そこはわかりませんが、いざ介護という状態になったときに、多くの場合は、自分の親は自分で看るということになる率が高い。

昭和の時代は、専業主婦の長男の嫁が婚家の介護の主要な担い手でした。しかし、共稼ぎ夫婦が前提の令和の時代では、この伝統的な役割分担は少なくとも主流ではなくなりつつあります（そうは言っても、介護の担い手は女性であることが多く、頭が下がります）。実際、男性の介護離職率は、毎年上昇しています。「おじさんコミュニティ」を支えていた男性たちが昔のように自由に仕事だけしていればいい、という環境にないのです。

男女にかかわらず、介護と育児がセットでやってくる世代が多く出現するのは、時間の問題です。いままで「共有した時間の長さ」が評価の暗黙の基準であれば、これからを担う若い世代を正当に評価できないことにもなります。

多様な働き方の対応に戸惑う役員たち

なぜか、敗者復活の機会が少ない日本の昇進構造

企業が考える標準的な社員の働き方から外れた社員をどう扱うのか。各社はこういう人たちの取り扱いに非常に悩んでいるのが現状です。現状で顕在化している大きな問題は、ワーキングマザーをどう扱うかです。

第3章でも述べたように、世の中の流れとしてはワーキングマザーを応援するのが主流ですが、現場に目を移すと、さまざまな小さなトラブルが発生しています。いままでは、「マ

ミートラック」と呼ばれる昇進とはあまり関係ない部署やキャリアで対応していましたが、このご時世ではその手法は積極的には使えません。

「昇進トラックにのせなくてはいけないワーキングマザー」という種類の人たちが、「おじさんコミュニティ」の中に初めて出現し、今後ますます増加」が見込まれます。

その扱いについて、周りは右往左往している。人事関連のセッションで多くの人事部の人々や役員たちとお目にかかるのですが、まさに各社が苦心を重ねている様子がよくわかります。

「育児期で仕事がスローダウンするのは仕方がない。しかし、スローダウンした人としなかった人を同じように評価することは、公平性の観点からもむずかしい。そうかと言って、スローダウンした人にも昇進や新しい仕事の機会を与えたい。さて、どうしたものか」。これが多くの経営サイドの人々の本音でしょう。

過渡期であるからこその悩みと言えるかもしれません。これを解決する糸口は、まず、共有した時間の長さでの評価をすべての評価項目から外す。これがすべてにおいての第一歩なのです。

②評価軸を「1年単位」から「10年単位」で考える

介護と育児を同時にやらなくてはいけない人々やワーキングマザーなど、「男性は外で働き、女性は家を守る」という古典的な働き方で想定していなかった種類の集団が多く発生しています（もしくは、今後します）。その流れの中で、もう一つ企業が「捨てる勇気」を持たなくてはいけないものがあります。

それは、評価の期間です。多くの人事評価は、1年をいくつかに区切ってなされます。最も多いのは、半年ごとに行われるやり方です。評価には連続性が重視され、被評価者が自分の都合で途中で抜けたり、戻ったりすることは、好まれませんでした。

日本企業の昇進管理は、トーナメント競争であることが前提でした。入社後、キャリアのある時期までには昇進の差異はつかないように見えますが、その後段階的に差がつき、明確な選抜が行われます。そして、より高い職位に昇進するためには、同期入社の中で最初の選抜に入っていることが重要であるとされてきました※4（小池1981、若林1986、今田・平田1995、竹内1995ほか）。

上級職に昇進していくためには、毎年、複数回ある人事評価でコンスタントに高評価を維持し続けることが重要です。そして選抜の際に常に上位グループに入っていないと、上級職への昇進はむずかしい。それだけでなく一度上位グループから転げ落ちると、元の上位グループには戻りにくいのです。敗者復活が少ないのが、長期雇用を前提とした日本の伝統的なキャリア構造でした。

こうしたキャリア構造は時代とともに変化していますから、現在において主流だとは思っていません。ただこの種の傾向をいまだ持ち続けている企業は、案外多いのです。そうなると昇進するための条件は、年に２回の評価でなるべく好成績を長く、連続して取り続けることなのです。

「働き方スタイル」を変えると、評価されない現実

出産や育児体験者には辛口な評価が当たり前?!

さまざまな理由で、仕事をスローダウンせざるをえない人々が、今後、多く発生します。そうなると、敗者復活をルートとして多く持たない現在の企業のキャリア構造では、この人たちを有機的に扱い、評価することがむずかしくなります。特に、出産や育児などの体

験で、人生で働き方をスローダウンさせる必要がある女性たちにとっては、この評価システムはマイナスにしか働きません。

過去に私が行った調査※5で、上場企業で役員クラスにまで昇進している女性たち（明らかに創業者ファミリーの一員である人を除く）に長時間のインタビューをしました。彼女たちに属性を尋ねると、子どもがいない、もしくは育休産休取得の後、おそろしく短い期間で復帰した人たちが極めて多く、内心、驚いた記憶があります。

調査が行われた当時は、女性の役員クラスは非常に少なくてサンプル数が限られていたことが結果に影響した可能性はありますが。いずれにせよ、古典的なトーナメント方式、即ち、「おじさんコミュニティの働き方をできる女性」だけが昇進していくという評価方法をとるならば、いつまで経っても女性は中枢の地位までは昇進しません。

今後、さまざまなキャリアパスを企業は、つくることを求められます。その際に基盤となる考え方として、人生を10年単位で見ることが必要だと考えています。

図表5－4を見てください。

縦軸にパフォーマンスの度合いを取ります。横軸は働いている年数です。直線は会社が求めているパフォーマンスのレベルだとします。仮に、亜紀さんの入社後の貢献カーブだとしましょう。

亜紀さんは、入社３年まであまりよくないパフォーマンスでしたが、２年を過ぎて上昇し、会社の稼ぎ頭となりました。４年めに結婚と出産をし、出産後はしばらく仕事をセーブしましたが、家庭内が落ち着いた後に躍進を重ね、いまでは高業績者として働いています。亜紀さんの業績を5年で考えると、会社が求めているパフォーマンスを下回っています。

しかし、10年で見ると明らかに上回っています。亜紀さんをどこの時点で見て評価するかによって、亜紀さんの評価は大幅に変わってくるのです。同時に本人の仕事への取り組み方やモチベーションも変化します。

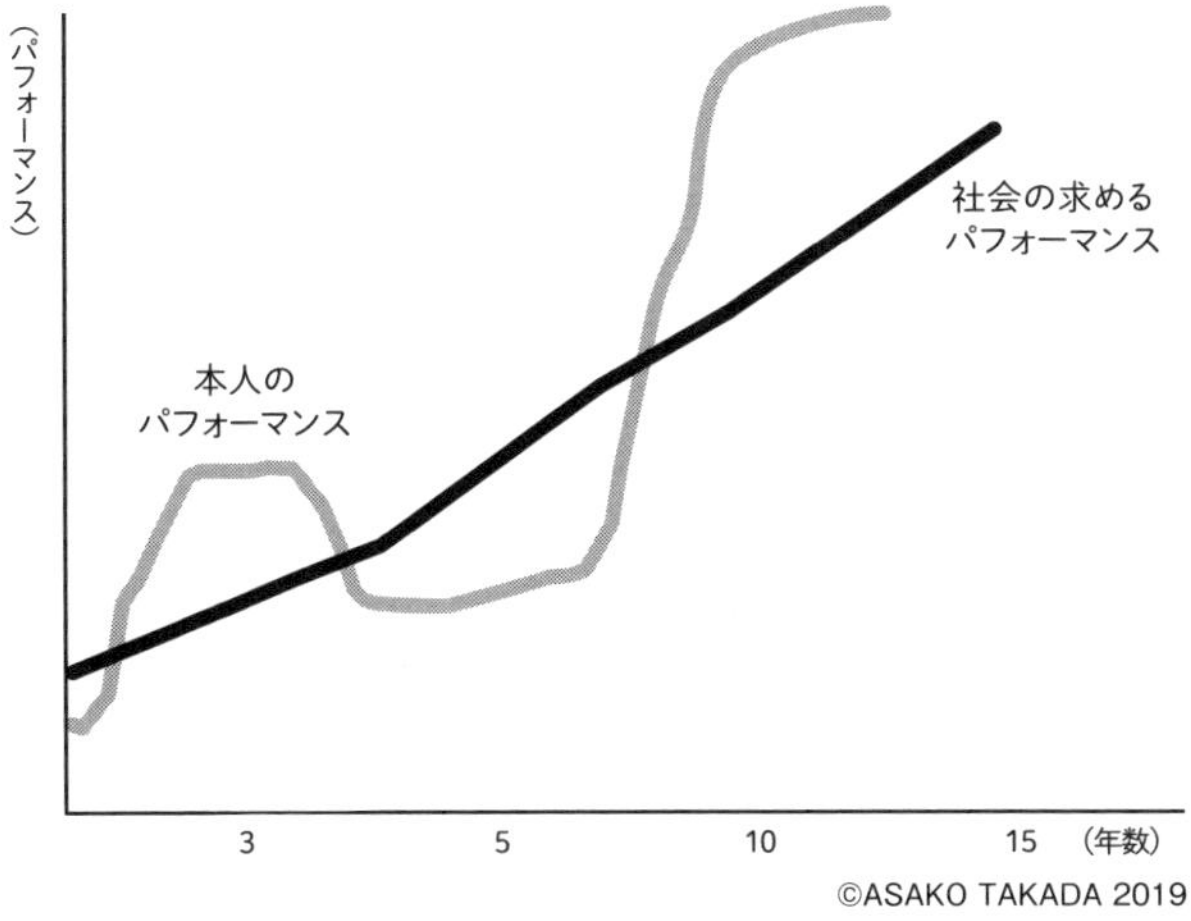

図表５－４　会社のパフォーマンス

ある程度、長いスパンでの評価軸があるということは、ときが満ちたら反転攻勢に出るルートがあるということです。本人にしてみれば、ここ数年は、子どものことで時短を取っているけれども、落ち着いたらこのスローダウン分を取り返すと考えることができます。いまのスローダウン時期は、爪を研いでいる時期だとリフレーミングすることが可能です(もちろん、このままスローダウンした働き方を選ぶこともできますし、どちらがいいという話ではありません)。長期にわたって、毎回、連続した高評価をとり続けなくてはいけない状態は、人を追い詰めていきます。

自分で働き方をコントロールできることの方が、本人のモチベーションの維持という点では、大いに有効です。自分のキャリアを諦めることなく、それぞれの生活の質を上げながら仕事を楽しみ、仕事の質も上げるべく前進する。

重要な点は、長いスパンで考えることによってキャリアの積み方に多くの選択肢が生まれてくることです。仕事と生活、どちらかに偏ることなく、自分なりの人生デザインがしやすくなるのです。

人口減少の中、人手を確保するためにも良質なビジネスパーソンを長期にわたって確保することが、企業にとって不可欠となります。さまざまなバックグラウンドを持った多様な人々に対応するためには、いままでの時間軸ではなく、より長い時間軸で評価し、人生を自分のスピードで進むことができる環境を提供することが、重要となるでしょう。

3 「評価基準」を明らかにして「評価を可視化」せよ

人手不足を気合いと根性で乗り切る。よく見られる光景ですが、長期的には何も生みません。活動をしている現場が疲弊し、モチベーションが下がる。離職につながる。万が一、メンタル障害を病んだら、ますます事態は重大になります。人手不足というのは、外部の労働市場が機能しはじめるという副作用を持ちます。

気に入らなかったら、もっと働きやすい職場に移るという選択肢が、いままでよりもずっとハードルが低く、目の前に現れているのです。現状では、評価基準があまりにもわかりにくいがゆえに、現在、多くの女性、とりわけワーキングマザーが自分のキャリアに悩んでいます。ワーキングマザーは、真っ当な昇進トラックに乗っていないと考えてしまうのも、わからなくもありません。

ですから企業は評価基準を明確でわかりやすくすることか、長期の評価軸を持つことが求められているのです。

社内が活性化した上場会社H社
仕事の洗い出しで、ムダなアンタッチャブルゾーンを一掃！

あるＩＴ関連の上場企業の事例を紹介します。仮にH社としましょう。Ｈ社はかつて離職率の高さと社員のモチベーションの低さに悩んでいましたが、ここ数年で社内がとても活性化しました。そして、悩みの種だった女性社員の昇進希望率が上がり、ワーキングマザーの離職率が格段に下がりました。

この会社は、女性の離職率が特に高い会社でした。せっかく育てた若手社員が辞めていく現状に、多くの社員が「これでは会社が立ちゆかなくなるのではないか」と漠然とした不安を持っていました。この状態に強い危機感を覚えた社長がリーダーを指名し、人材の定着のためのプロジェクトチームが立ち上がります。働きやすさを追求するために、評価基準の見直しをはじめたのです。そして、徹底的に業務の洗い出しをした後に、ムダな作業の削減を行いました。プロジェクトチームでは、どのようにして離職率を下げるかを話し合い、新たな評価軸をつくり直す作業を行いました。評価を大きく分けて、二つの軸に整理したのです。

一つめの軸は、業績です。それも漠然としたものではなく、働き方に応じて最適と思われる個別の目標値を決めたのです。当然ながら、いままでもこの種の目標値はありました。部署に降りてきた目標をブレイクダウンして、個人にふるやり方を採用していました。

今回は個人を軸に、自分のできる範囲の目標値を決めていきました。部の中で個人の目標を積み上げていく。そこで改めて部に降りてきた目標とつき合わせ、個人と部の目標を積み上げ、交差していない部分を検討しました。みんなで考え、どうしてもできないところはバッサリ切り捨てたのです。

軸の作成と実行は、いままでのやり方と比較すると上司側に負担がかかります。上司が部下と向き合い、話し合い、正確に部下の置かれている状況を把握することが求められたからです。しかし、このプロセスを通過することによって、上司側も部下側も、部下の置かれている状態を把握することができ、お互いにとって的確な業績目標を設定することが可能になりました。これは女性部下について上司が理解を深めることに、特に効果がありました。同時にお互いの視座の共有に役立ちました。

上司側が勝手に期待した業績目標が達成できずに、部下が苦しむことや、部下が良い意味でも悪い意味でも、自分の身の丈に合わない業績目標をおかれて苦痛に思うことが激変しました。もれなく全員が的確な目標を設定されたとは言いませんが、少なくとも、大多数の社員にとっては、前よりは格段に現実的な目標になったのです。

二つめの軸は、アウトプットの質です。具体的に、どのようなものを評価するのかについて、これも評価する側とされる側がディスカッションを重ね、お互いの認識のズレが極力、少なくなるようにしました。

いままでも面談は義務としてありましたし、時代の流れに沿っていろいろな評価方法を取り入れていましたが、業務の洗い出しまで真剣に取り組んだものはありませんでした。業務改善と評価の改善は別の部署が統括しており、別々に行われるのが通常だったからです。

さまざまな障害やぶつかり合いを経て、新しい評価制度を導入してしばらくしてから、社員からは、「何をどれだけやればよいのかがわかり、それをやってきちんと評価されることがわかると、安心感がある」との声が多く聞かれるようになりました。

　H社の事例が示すように、新しい評価基準をつくるには、仕事そのものの洗い出しが必要です。仕事がどのような構造になっているのかを洗い出し、ムダなところは捨て、仕事の構造改革をする。これは大仕事ですが、必ずやらなくてはいけない作業です。

　仕事は長くやればやるほど、多くのムダな作業やムダな承認が生まれ、ただでさえ多い業務を膨らましてしまいます。過去の遺産が、現代の働き手を苦しめているのです。「前に力があった人」や「現在、偉い人がその部署に在籍してたときにつくった仕事」を整理することは、勇気がいる作業です。

　共有する時間の長さが評価基準を構成していた時代は、上司や実力者の嗜好性に寄り添うことは、自分の評価にプラスになる行動でした。それらの人々がつくった仕事は、ある種のアンタッチャブルゾーンでした。

　仕事の洗い出しに、アンタッチャブルゾーンはありません。目先の利益ではなく、企業が10年後にどのような形になっていたいのか。さまざまな働き方をする人々がいて、彼や彼女たちが質の高い仕事をするために時間を取り洗い出しをし、捨てるべきモノは捨てる。この作業なしには、何も進みません。

とにかくまずは、言語化する

「要求」と「アウトプット」イメージを共有せよ

H社の一連の行動の基本となっているのが、徹底的に言語化することと、それを話し合って共有化することとでした。長い時間を共有化している「おじさんコミュニティ」のメンバーは、肌感覚で何が評価基準なのかを理解している率が非常に高かった。しかし、長い時間も共有しないし、そもそも「似たもののコミュニティに属さない女性たち」にとっては、どうやって自分の評価を上げたらいいのか見当がつきません。

何を彼女たちに求め、どうやって評価するのか。要求レベルとアウトプットの評価基準を言語で明確にすることなしには、疑心暗鬼が募るだけです。求めるアウトプットレベルが明らかになっているということは、非常に重要です。

やらなくてはいけないことは部署全体としてどのくらいで、それに対して彼女がどのくらいの達成をすることを期待しているのかを、お互いに共有化する必要があります。同時に、彼女自身がどのくらい仕事にコミットメントするのか、実際に達成できるのかを示すことも不可欠です。この二つを重ね合わせて、着地点を見つけ出す。目標を人から与えられた「他人ごと」ではなく、「自分ごと」にする作業をすることで、お互いが目標を言語化し、理解し、共有し、共通の目標とするのです。

企業は、評価基準を言語化し、明確にする。立てた目標をどう評価するのかという基準を相手に伝えることが求められます。人間のやることなので、評価には主観が入りますが、評価の大枠と道筋が言語化され、説明されることが前提です。

4

こうすれば、女性マネージャーがのびのび育つ

チャレンジする機会はこまめに、平等に

修羅場をくぐらすことも恐れない

昇進の有無にかかわらず、男性が圧倒的多数を占める組織において、女性たちが共通に

抱えている問題は、自信のなさでした※6。これは日本に限ったことではありません。シェリル・サンドバーグも著書「ＬＥＡＮ ＩＮ」の中で女性の自信のなさが、一歩前に出ることを嫌い、リスクを取らず、結果として評価されないと指摘しています。

男性と比較すると、一歩引いてしまうのが女性の欠点であるというのです。圧倒的に男性マネージャーが多い現状では、見た目が大きく、声も大きく、群れる男性たちと比較して、孤軍奮闘が多い女性たちが自信を持てない環境にあることは間違いありません。

自信は、成功体験から生まれてきます。企業は性差にかかわらず、チャレンジを社員に奨励すべきです。そして、一つひとつを適切に評価する。その繰り返しによって、自信が生まれるのです。

特定の所属、特定のバックグラウンドの人々に、仕事が不均衡に割り振りされていくのは、ビジネスの現場ではよくあることです。これは割り振りする上司の好みが原因かもしれませんし、適材適所を考えたらそうなってしまうのかもしれません。

すべてを平等にすることは、現実的ではありません。ただ、根底の部分でチャレンジする機会が平等であるという原理原則は徹底すべきだし、その点を社員に徹底した方がいい。仕事が偏って割り振られていないか、チェックする機能は持つべきです。小さな成功体験の積み重ねによって、自信が醸成されます。このメカニズムを改めて確認することは、決してムダではありません。

もしも女性マネージャーを積極的に育てたいという意思決定を企業がしているのであれば、育てたいと思っている女性たちがむずかしい仕事、チャレンジングな仕事に取り組めるように目配りをするべきです。

これは特別扱いをしてくださいと言っているのではありません。現状では、女性を育てる経験やスキルを持っている上司が少ないことによる暫定処置です。多くの上司は、気を遣いすぎるあまりに（そしてハラスメント疑惑をかけられると面倒だから）、女性に修羅場を与えるのを躊躇する傾向があります。それは結果として彼女たちの育成において、マイナス要因となっていることが多いのです。女性たちがチャレンジングな仕事を割り振られているか、偏った安全な仕事ばかりではないかと、別の視点からチェックすることが必要です。

女性たちの育成をほとんどの上司が経験した、もしくは、女性マネージャーの人数が男性マネージャーとおおよそ並ぶ程度になったとしたら、この種の目配りは不要でしょう。しかし、現状では会社としての育成方針がないままに、現場の上司たちに育成が割り当てられていることが非常に多い。その結果として、本来くぐらなくてはならない修羅場を経験することなく機会損失を被る、「優しい虐待」ともいうべきケースをよく見聞きすることができます。成長には、修羅場経験が不可欠です。

「女性を昇進させよう旋風」に乗って、女性マネージャー数だけを量産したとしても、真の実力がないと彼女たち自身も会社も、誰も幸せになりません。企業としての育成の方針を具体的に示し、徹底させることが優先順位の高い施策です。まずは、やらせてみることです。たとえそれが失敗に終わっても、チャレンジしたことを評価する。男女にかかわらずこれを上司に徹底させることは、長い目で見て会社の組織強化につながるのです。

ネットワークを構築せよ

「何を知っているか」より「誰を知っているか」が大事

並行して、企業が女性マネージャー育成のためにすべきことがあります。ネットワーク構築の機会をつくることです。昨今、企業も女性会であるとか、メンター制度など社内の女性同士が交流できる場を積極的につくることが多くなりました。仕事で知り合うネットワークは、専門性が高ければ高いほど固定化します。何らかのタイミングで狭いネットワークから飛び出し、別のコミュニティに入ることによって、自らのネットワークを広げることができるのです。これは社内外を問いません。

ネットワークには、人を育てる三つの要素があります。第一に、知恵と情報の共有です。「ビジネスでは何を知っているかより誰を知っているかである」と言われるように、人と人とのつながりはビジネスの成功にとって非常に重要な要素です。複雑化する経済環境では、一人の知恵よりも複数の知恵があった方がよい。そのためにもバラエティにとんだ人的ネットワークを持っていることは、その人の知的財産になります。これは同性である必要はありません。男性でも女性でも、先輩でも後輩でも幅広いネットワークは財産です。

第二に、心の支えとしての役割です。似たような境遇にある人たちとのネットワークは心を癒やし、勇気づけます。特に、まだまだ少数派である女性マネージャーは貴重です。同じような悩みを抱える人との交流によって、ある種の知恵を授かることができるでしょう。何よりも心の支えになる可能性が高い。社内でも他社でもよい。似たような立場にいる人とのネットワークを持つことは仲間を持つことと同義です。多くの仲間は、公私ともに人を助けます。

第三は、「あの人ができるのだから私もできる」と、刺激を受けて動機づけにつながることです。昇進した女性たちに行った調査において、昇進を狙い出したきっかけとして、「異性の同期からの刺激」をあげた人が非常に多くいました。この傾向は、女性の採用数が多くなっている現状では、より強くでます。刺激を受ける仲間としてのネットワークは得がたいものです。

ネットワークづくりは、人と会うことからはじまります。社内のイベントを行うこと、仕事関係の会合はもちろん、社外の研修に社員を出す。社外の活動を応援する。企業が積極的に場をつくらなくても、交流の場に社員が行くことを奨励するのは、ネットワーク構築の大きな一助となるはずです。

企業は社員からなる有機体です。そう考えると、社員一人ひとりが持つネットワークが社員を、そしてひょっとしたら企業をも、助ける場面があるかもしれません。社員のネットワーク構築を奨励する、いや、奨励しなくても邪魔しないことが企業のとるべき姿勢だと思います。

〈組織のチェックリスト〉

1. 時間の長さで社員を評価することをやめる
2. 長い評価軸を持つ
3. 評価基準を明確化、言語化する
4. チャレンジ機会を女性にも平等に与える
5. 社員のネットワーク構築を応援する
6. 評価を可視化する

第6章

女性が腹をくくれば、働く環境は好転する

「周囲の思惑」より「自分優先」が大事

女性こそ、腹をくくった方がいい

自分の生き方、キャリアの進め方は自分で決める

いろいろな角度から、女性マネージャーを育成し、企業組織と働き方を変えていくにはどうすればいいのかを考えてきました。しかし、どんなに上司が頑張ろうと、どんなに良い環境がつくられようと、肝心の女性たちがその気にならなくては、まったく意味がありません。

現状では世の中の政府や企業の思惑に反して、そこまで女性たちが昇進に対して、ギラギラしていないのが実状です。彼女たちが多くいるセミナーでも、マネージャーになることに対しての躊躇は、よく聞かれます。

今後、意思決定をともなわない仕事、単純作業のような仕事は、人工知能の進化でどんどん縮小していきます。人口減少の速度が早い日本では、この傾向は加速度がつくでしょう。働き続けることを選択した瞬間に、付加価値をつけろ、意思決定しろ、昇進しろ、競争しろ、の荒波に巻き込まれるのは必須です。人工知能はすばらしいものですが、全知全

能の神のごとく万能ではありません。データに判断基準やロジックを与えないと、動かないのです。よって判断基準を与えることができる知識やスキルを持つことが、使い手の人間には求められます。

すべてのビジネスパーソンが、自分たちなりの生き方、進み方、そして自分たちを守る知識や知恵やスキルを身につけることを真剣に考えなくてはいけない時代がきたと言っても過言ではありません。「会社が守ってくれた時代」から、「自分の身は自分で守らなくてはいけない時代」に、本格的に突入しているのです。

人口減少が明らかになって、社会システムが立ちゆかなくなることに企業や社会が焦ったり、いままで放置してきた女性にも働いてもらおうと画策し、走り回った。その結果として、昨今、「女性を昇進させよう旋風」が吹いている――。

その風を受けながら、思いあぐねているのが、多くの女性たちの現状だと思います。断言しますが、人口減少の影響は必ず受けます。女性マネージャーなしには、社会システムは回らなくなります。

もちろん、最終的な選択は本人です。どうしても昇進したくないのならば、それも一つの意思決定です。組織の中で昇進するという意思決定も、昇進しないという意思決定も、起業し、自分の好きなペースでやっていくというのも、選択は自由です。押しつけるものではありませんし、選択した結果についての優劣はありません。ただ、一つ言えるのは、組織において働き続けるという意思決定をすると、自分を守るための武器が必ず必要になるということです。

何も暴力を振るいましょう、と言っているのではありません。武器は知識でありスキルです。自分の居心地がよく、仕事をしやすい環境をつくるためにはどうすればいいのか。女性たちもマインドセットを変え、行動する必要があります。

1 「女性マネージャー1・0」と「バックティー・シンドローム」

多くの企業を観察していて女性マネージャーのあり方が、変革期にあると感じます。男女雇用機会均等法以降の女性マネージャーを表すキーワードは「男勝り」でした。「女性マネージャー1・0」の時代の話です。この時代の女性マネージャーは、前著の『女性マネージャー育成講座』(生産性出版)で「バックティー・シンドローム」と名づけた症状に陥っている人々が、非常に多かったように思います。

「バックティー・シンドローム」は、男性の倍働かないと女性は評価されないというマインドセットです。確かに、女性マネージャーをつくる必要性が少なかった時代においては、「おじさんコミュニティに同化すること」が、彼女たちの最重要課題でした。おじさんたちに受け入れてもらわないと、昇進できません。

男性たちも新しく現れた高学歴の総合職という名前の女性たちをどう扱っていいのかわかりませんでした。ですから、男性と同じ、もしくはそれ以上に必死になって働きアピールすることが、不可欠だったのです。

これは1993年7月1日の「朝日新聞朝刊」からです。当時の日本経営者団体連盟※1の部長へのインタビューです。

――なぜ女性総合職は一握りだけなのでしょう。

一般的に、長く勤めてゼネラリストとして成長するのが、これまでの男の職業観。会社にとって人への投資は大きい。より安全なものにかける。だから比較すれば、いつ辞めるかもしれない女性の採用に慎重にならざるを得ない。女性の挑戦者が増えれば企業の考え方も変わるだろうが、現状では仕方ないだろう。

男女で決定的に違うのは、男性は仕事が第一で、家事育児を当事者と思っていない。女性は結婚、出産、育児と節目で仕事を考えざるをえない。企業も育児等でサポートはするが、あとは本人次第だ。働き方によりコースが別なら、意欲のある女性は活用できる。

いま、読み返すと、いろいろと思うところがありますが（正直に言うと、怒髪天をつく状態ですが）、当時の経営陣はこの種のマインドセットが一般的でした。現在でも本音の部分では、こうした部長と同じ心持ちの男性は、多くいるでしょう。

彼の言っている『働き方によりコースが別なら、意欲のある女性は』は翻訳すると、「男性と同じ総合職コースで男性並み、もしくはそれ以上に働くと女性が決意しているのならば」、ということです。昇進するのならばライフイベントをすべて無視して、「男性と同じにしなさい」というのが、この発言のセントラルメッセージです。資料を読み返して、つくづくその偏狭さにウンザリします。この時代で昇進し、成功してきた女性たちに心からの敬意を表します。

男性よりも働いて自分を印象づけることは必須でした。この印象づけなしに女性が昇進することは、事実上、不可能でした。女性たちは「バックティー・シンドローム」に罹患《りかん》する必要があったわけです。そして、これらの要求に応えられないと思った女性たちは、別の行動をとります。自分はそんな面倒でプライベートがないような人生をおくりたくないと、昇進しないマインドセットをつくりあげ、強固なものとしました。

自分たちと同じ行動をしないと受け入れない男性たちの偏狭さを見て、多くの女性たちは昇進に対して強い希望を抱かなくなったのかもしれません。女性管理職は、少数派です。「おじさんコミュニティ」の中の異分子です。女性は、大きな期待を持たれていない存在でした。あんなに苦しい思いをして、家庭を顧みることもできず(家庭を持つことも、むずかしく)働くのならば、自分は昇進という険しい道に進む気はない、と多くの女性たちが考えるのも自然な感情でした。

ところが、世の中が働き方改革に向いはじめたこと、それにともない女性マネージャーの数が増えてきたこととの相乗効果で、「バックティー・シンドローム」はいまや崩壊しています。働き方改革の波の中で、会社一辺倒の働き方を是正しようという動きが、社会全体を覆っているからです。そもそも男性の倍働くことは、ただでさえ長時間労働の日本では物理的に無理な話ですから、ノーマルな考え方に戻ったといっても過言ではないでしょう。しかし、昇進したくない症候群は、いまだに猛威を振るっています。時代は女性マネージャーを求めて場所を用意しているのに、肝心の女性たちはいまだに昔のマインドセットのままでいる。

もしくは、女性たちが昇進にまだ旨味を感じていないというのが、実のところです。旨味の部分は、前章までの指摘を企業の経営陣が実践し、改善することによって構成されていくでしょう。一方で、当事者である女性たち自身はどうすれば、時代と寄り添い、自分を守り、ときには戦うための知識やスキルという名の武器を持てるようになるのでしょうか。

2 可視化能力を強化する

女性たちが持つべき武器の一つとして、筆頭にあげられるのは、可視化能力です。意識して自分の仕事を可視化することによって得られることは大きく二つあります。一つは、周囲からの「安心感」と「手助け」です。そして、何より自分の仕事スキルの向上です。ここで県庁職員の薫さんの話をしましょう。

県庁職員の薫さんは、最近、昇格しました。部署は違いますが同期入職をした夫が8年前に通過したポジションです。昇進の遅れについては、育休と産休を2回取っているので、まあそんなものかと自分では納得していました。新しいポジションには、議会対応と言われる仕事があります。議員に対し事業の説明を行ったり、委員会に出席して答弁を行ったり、議会質問の答弁をつくったり、議員間の質疑の調整を行ったりする仕事です。

多くの男性職員は、管理職になる前の若いうちから先輩に連れられて議員のところに行き、議員からの質問の集め方や議員への質問の仕方、答弁のつくり方をたたき込まれます。この仕事は、いままではほとんど男性に限られた仕事でした。

昨今の女性活躍の波に乗って自分に役割が回ってきたときに、薫さんは心底、途方に暮れました。薫さんとは、まったく無縁の仕事だったからです。本をいくら読んでも、夫に聞いても、よくわからない。どうも議会対応のテクニックは、人それぞれまったく違うやり方をするようです。

薫さんには経験がないから、テクニックもありません。しかし、上司はできるのが当然だと思っています。周囲は「慣れるしかない」というだけです。やればやるほどわからない。自分なりに準備して上司に持って行くけれども、もう少し、とダメ出しされる。夜遅くまでオフィスに残ってやるけれども、遅々として進まない。やっているうちに「何がわからないのか、わからない」状態に突入していきます。

薫さんは追い詰められていきます。鬱々とした数日を過ごし、ある日、腹をくります。恥を捨てようと。いままで抜擢されたのだからよい結果を出さなくてはいけないとか、やったことのない仕事だからといった思いをすべて捨てて、自分が求められている完成像と、自分の理解と、やったことを書き出してみました。

そして周囲に「助けてくれ」と依頼したのです。周囲も気負っている薫さんにどこから手を貸してよいのか思いあぐねていたこともあって、この依頼にすぐさま対応しました。薫さんはそのときを振り返って、『何がわからないのか、わからない状態』は、他人にとっても手が出しにくい状態であることを痛感したと述べています。

どこまでやっているのか、そこがわからない
可視化すると他人の手助けが可能になる

仕事は多くの場合、人につきます。その人のスキルやネットワークやノウハウで仕事が回っていることが、非常に多いのです。職場において誰が何をやっているかはわかっても、誰がどこまでやっているのかは、なかなか把握しにくいのです。

進捗管理をするＩＴツールは多くありますが、実態を本当に把握しているのかについては、まだまだ不透明なところが多い。人間は自分に不利になる情報や、ある種のプレミアムのついている情報、つまり、知っていると明らかに自分が得をし、得がおよぼされる範囲に限りがあるという情報は、積極的に他人と共有したがりません。

「ＩＴで各自が持っている仕事に関する情報を一元管理しましょう」と、世の中では謳われています。多くのテレビＣＭが流されています。しかし、現実のところ本当に大事な情報を共有することはむずかしい。これは多くのビジネスパーソンが実感していると思いま

す。本音では可視化が重要と主張していますが、守秘義務に関することや自分の隠し球になるようなプレミアム情報まで、すべて公開しましょう、と言っているのではありません。それ以前の仕事のやり方を可視化しましょうと言っているのです。

自分がどこまでわかっていて、どこをやっているのか、自分の仕事を可視化して共有することは非常に重要ですが、これを上手くできている人は稀です。可視化というのは、巧みさがともなうスキルで、相手が理解しやすいように自分の立ち位置、進捗、今後の考えられる予定と仕事の経路を第三者に見える形で提供することです。

自分の見ている全体像はどういうもので、自分がいま、どこにいて、どこまで完成しているのかを共有すると、他人からは「あの人はどこまでやっていてどこで滞っているのか」が明瞭になります。どこで助ければよいのか、わかりやすい。組織において何かのときに、お互いを助ける素地を持つことになります。

なぜ、情報や仕事を人が抱え込むのかということについては、防衛機制という心理学の概念から説明するのがわかりやすいと思います。人間は混乱や葛藤、恐怖、欲望、衝動から逃れる前に無意識に自己を防衛しようとします。これを防衛機制と呼びます。

仕事がまだ途中である場合や自分としては納得していない場合は特に、「他人の目にさらされたときに、何か言われるのではないか」「自分を攻撃されるのではないか」という恐怖心が働き、隠し、抱え込むのです。

防衛機制が働いて自分の仕事を抱え込み、人に渡さず停滞させ、結局はギリギリになってその状態が露見し、周囲が自分の仕事の手を止めて火消しに入る。オフィスでよく見られる光景ですが、仕事のやり方としては最悪です。もっと早くに渡してくれれば何とか手を打てたのに、と臍《ほぞ》を噛んだ経験は多くの人が持つことでしょう。

今後、働き方は確実に変わっていきます。一人の担当者が、すべての仕事をまっとうするという形が、むずかしくなるかもしれません。男女を問わず、介護や育児によって働く時間が制限されると、ワークシェアリングが通常となる可能性は非常に高い。誰かが、助っ人に入ったときに、もしくは誰かと仕事を共有したときに、仕事が可視化されていることは、必ず求められる仕事のやり方です。

やり方の問題ですから最適な方法を見つけるのは、本人の意識と工夫次第で比較的容易です。ところが現実には可視化を座右の銘として実戦している人は、非常に少ないのです。これは改善の余地があります。

一つ重要なことを付け加えるとすると、人々の防衛機制が過度に働かないような、お互いを信じ合える職場をつくることが、可視化には不可欠です。何かルーチン以外のことをしたら文句を言われる、評価が下がるなどのギスギスした職場では、人が防衛機制を発動するのは当たり前です。可視化は大事ですが、可視化が進まないとしたら、その後ろにある職場についても考えるべきです。

ワーキングマザーに必要な可視化能力

ビジュアル化と言語化の「可視化能力」を高めよ

上級管理職が主体のセミナー、女性管理職主体のセミナー、MBAの教室と三カ所で、「ワーキングマザーがどのように働くと、部の運営に好影響であるか」について、談論風発のディスカッションをしたことがあります。周囲に気を遣えだの、将来性をアピールして仕事を勝ち取れだの、ワーキングマザーの態度や行動についても多種多様な発言がなされて、ディスカッションの舵取りをしている身には大変興味深かったのですが、仕事のやり方についてはは似たような発言が続きました。

仕事がどうなっているのか、わかりやすい状態にしておいてほしい、可視化してほしい、というのが共通した強い要望です。以下、代表的な発言を示しましょう。

商社・男性R

子どもは熱を出すものだし、しかたがない。困るのは、急の欠勤で仕事がどうなっているかわからないことです。

お客様に連絡してあるのか。どんなニュアンスで相手は対応しているのかなど、あらかじめわかっていれば直ぐに引き継げるのに、一回一回どうなっているのか、電話やその他で聞かないといけない。相手も病院に行っていて連絡が取れないことが何度もあって、とてもストレスだった。

製薬・女性T

この人は仕事ができるな、と思ったのはあらかじめ自分がどういう状態なのかを常に共有している人。そうすると、何かあっても、サポートには入れる。そして、本人から仕事について、この状態はいつまで続きます、とか、来週はこうなっている予定です、と常にレポートしてくれるような人です。

進捗と現状と将来予想まで表現しているので、とても安心感がある。彼女が休んでも、進捗がこちらできちんとわかっているので放っておけるし、必要とあれば人材のやりくりの予測がつく。彼女のやり方をしてくれたら、問題が非常に少なくなると思う。

石油・男性E

ホウレンソウと、新入社員のときから教育されているはずなのに、できない人が多い。自分に欠勤のリスクがある場合は、なおさら現状を周囲に共有してほしい。

介護にせよ、育児にせよ、自分でコントロール不能な要素を抱える場合には、誰かのサポートを受けることが必須です。そうなると、仕事を自分一人で抱え込むことは、賢明な判断では断じてありません。常に状態を可視化しておくこと、そして、自分なりの進行予定を周囲に共有しておくこと。これは、個人が意識してやるべき行動ですし、結果的にその人の身を守ります。

可視化には、二つのやり方があります。一つは文字通り、目で見えるようにすることです。図表などを用いて何をどこまでやっているのかを示す。もしくは、現実や現状を目で確認できるようにすることです。百聞は一見にしかずの諺の通り、視覚から得た情報は、人間の理解の向上に強く働きます。

何もすぐさま高額なＩＴサービスを導入しましょう、と言っているのではありません。その種のサービスが、もともとあるのならばそれを使えばよいし、そうでなくても仕事のやり方の工夫で、いくらでも共有化することは可能です。

もう一つは、言語にて状況を伝えることです。言葉によってイメージが相手に伝わるように表現する。これは実際に視覚を使うわけではありません。脳にイメージとして、形成させるのです。

何らかの意見や考え方を聞いたときに、人は脳内イメージを形成し、理解しようとします。言葉によって、相手に状況をイメージさせるのです。これは、言語化能力と非常に強い関係があります。

可視化することとは、自分の仕事の状態を共有することです。そのためには、自分がいまどこをやっていて、それが全体のどの部分に該当するのか理解していることが、必要です。最初から俯瞰ができる人は、非常に稀です。意識をして視点を変えることを繰り返し実践し、練習することが最も早道です。

3 言語化の能力を磨く

言語化能力はどのような場合でも、武器になります。そして同時にビジネスパーソンを守る道具になります。こう言うと、女性はおしゃべりだから、わざわざ言語化能力なんて磨かなくても大丈夫だと思う人もいるでしょう。

それは大きな間違いです。女性だからおしゃべりということも、男性だから無口と言うこともありません。その人の性質によります。強調したいのは、相手にわかるように説明する力を身につけるということです。これは口頭でも、文章でも同様です。言語化能力については、第4章でくわしく述べていますから、ここでは女性の武器となる言語化能力について述べていきましょう。

言語は社会の影響を強く受けます。社会言語学の分野では、言語の男女差について優れた多くの研究がなされています。紹介すると、女性は会話において丁寧に感情的に話す傾向が強いが、主張をしない傾向がより強い（Lakoff 1973[※2]）。女性は命令形で話すのを苦手（宇佐美2003[※3]）な傾向が強い。これらの傾向は女性が社会の中心的役割にいなかったことが影響しているとされています。

しかし、女性が主張をしないという問題は本人が意識すれば、いかようにも改善は可能です。どのような場合であれマネジメントに係わる場合、はっきり言わないことの方が不利です。自分の身を危険にさらすことにつながる可能性が高いので、否が応でも意識改善はしやすい。

ここで指摘しておきたいのは、はっきり言わないことの背景にある、ある種のマインドセットです。相手にとって否定的なこと、心理的に不愉快と思われることを話すのは、勇気がいります。人間は防衛機制を持つ生き物ですから、お互いに何とかその場をやり過ごしたいと思います。これは自然な反応です。

ＭＢＡの教室で多くの人から繰り返し語られてきた、女性マネージャーが昇進したときに感じる困難さは、「いままで仲間だと思っていた人に自分が意見しなくてはいけない立場になったときに、どうしても嫌われたくないという気持ちが働いて、上手く言えない」という種類の発言に象徴されるでしょう。

嫌われたくない、集団の中で孤立したくないというのは、強い願望です。まだまだ女性マネージャーは、少数派です。大学卒業後、順調にキャリアを積み、当然のようにマネージャーに昇格した最近の若手は別として、いわゆる「エイヤー昇進」でマネージャーに上がった女性たちは、長らく「女の子」でいることを求められてきました。

これは前著にくわしく書いてありますが、「私についてきて！」という強いリーダーシップを職場で発揮するよりも、調整型のリーダーシップを発揮することの方が求められてきたのが、日本企業の実情でした。

有り体に言うと、職場では自分で意思決定をするのではなく、男性上司を立て、なおかつ職場のムードメーカーであることが、必要十分条件でした。それが時代の変化とともに、意思決定と周りを統率することを求められるようになった。女性たち自身が戸惑っているのは当然で、言語化する際も一歩引いた形になるというのは、納得できます。しかし、これは乗り越えなくてはいけません。

「阿吽の呼吸好き」の男性、「察してちゃん」の女性

はっきりと自分の考えを言わないのは美徳なのか

「おじさんコミュニティ」が阿吽の呼吸をメンバーに求めてきたことと対応するように、相手に「察してもらうこと」を求める女性が非常に多いことも指摘できます。この種の人々にお目にかかると、私は男性は「阿吽くん」、女性の場合は「察してちゃん」と密かに名づけてその動向を観察しています（私の専門分野である組織行動学は、観察が研究の基本です）。

男性の「阿吽くん」は、男性コミュニティの運営の掟ですから、阿吽の呼吸を維持するべくお互いを注視し、行動を予測し合っている関係が前提です。男性同志でシステム化されていると言ってもいいでしょう。これに対し女性の「察してちゃん」には、その種のシステム化された前提がありません。自分は主張したくないか、主張ができないので、相手に自分の意向をぜひ、察してほしいという、個別的な要求です。

嫌われたくないマインドセットは、自己主張をして「私についてきなさい」という強いリーダーシップスタイルをとらせません。ですから、嫌われる可能性のあることはなるべ

く言いたくない。察して欲しいという気持ちになるのは、わからなくもありません。

しかし、この「察してちゃん」路線で生きていくことは今後、極めてむずかしいのです。これは第4章で説明したとおりです。上司も部下に阿吽の呼吸を求められないように、部下も上司や周囲に「察してよ」を求めることはできません。

自分が何をしたいのか、そのためにどのようなことが必要で、どのような協力を求めているのか。これを相手にわかるように言語化することなしに、組織は回りません。言語化能力の向上は、男女と地位にかかわらず今後、必要な訓練です。

4 「女子マインドセット」を変える

どのような方向性に進むにせよ、ビジネスの現場で女性たちにとって現在、最も必要なことは、「女子マインドセット」を変えることだと思います。すべての女性はギラギラと昇進にむけて武器を持って備えなさい、などと言うつもりは毛頭ありませんし、仕事に対するスタンスは人それぞれであるべきだと思います。ただビジネスの現場では、今後より

ＡＩ化は進みますし、ビジネスパーソンには、より付加価値をつける仕事のやり方が求められるでしょう。

前著で「しなやか信仰」という言葉で、女性のリーダーシップが調整型のみに規定されている現状を指摘しました。ビジネスの現場での女性の好ましい振る舞いは、決して周囲をリードしたり、「私についてきなさい！」とばかりに率先して振る舞うリーダーシップスタイルではありませんでした。

常に求められてきたのは、男性の目から見て好ましい女性像です。現在、いくら女性を昇進させよう旋風が吹いていると言っても、社会全体の意識はあまり変わっていません。その一つの例が「女子力」という言葉だと思います。

２００２年頃からファッション誌で使われはじめた「女子力」という言葉は、その後あっという間に社会を席巻し、２００９年には新語・流行語大賞の60語にノミネートされます。朝日新聞が実施した「女子力って」の調査で、女子力の意味合いとして最も多く使われているのが「家事が上手であること」「細やかな気配りができること」でした（朝日新聞２０１７年１月30日朝刊オピニオン）。非常に古典的な女性の役割を、女性の能力の必須ラインナップとしてあげています。男性には男子力という言葉で一括りにすることがないのに、女性には女子力と言って性に基づいた固定化したイメージで尺度をつくる。それが社会に広く、受け入れられているのです。女性活躍推進と言っても、いまだに伝統的な女性像が人々の根底にあることをこの言葉は示唆しています。

一方で、当の女性たちも年齢を重ねている大人が、自分を女性という生物学上の分類ではなく、女子という「子」をつけて表現する。キャリアを積んでいるのに、未熟なフリをする。これは自分を謙遜して下に置いた方が「社会生活が楽だ」という経験則なのかもしれません。

かくいう私も女子会という言葉を使って、若者から年寄りまでの女性の友人たちと集まり楽しんでいますから（内心、女子なんて言ってしまって面映ゆい気持ちになります。おまけに20代中頃の息子は、『いい年して女子はないでしょう』と突っ込んできます。まあ、取り敢えず速攻で彼が失言を後悔するように反撃しておきますが）、あまり大きな顔で女「子」批判はできません。

男性でも女性でも、いわゆる女子力と言われている能力が高いのは、素敵なことです。料理は上手な方が人間のスキルとしてはすばらしいし、気配りは人間関係を円滑にします。女子力の要素については、異存ありません。しかし、女子「力」と表現している以上、何らかのスキルを表す言葉です。女子力としてラインナップされているスキルは、人として持っていると好ましいスキルで、わざわざ女子のタグをつけて女性固有物にする必要はないのです。

そして女性マネージャーという視座で考えたときに、女子力があろうとなかろうと、仕事をきちんとこなすというのが、大前提です。女性だけに気配りだの、調整能力だのを求め、女子力というタグをつけて、女性マネージャーはこうあるべきという決まった方向性を示すのには、まったく賛成しません。

自分でつけた「女性タグ」を外してみないか
「こうあるべきだ」はこれからつくればいい

最も重要な点は、女性自らが「女子マインドセット」を解き放つことです。女子マインドセットの構成要素は、男性をたてて出しゃばらず、多くを望まない、気配りをする、嫌われない、周りと上手くやるなどといったことです。

自分を見つめ直して、もしもそのスタイルの行動とマインドセットが自分にとって最もフィットすると思えばそれでいけばいい。しかし、少しでも違和感があるならば、自分なりの新しいマインドセットに組み替えることを考えるべきです。「こうあるべきだ」は自分でつくるもので、他人から与えられて演じるものではありません。女性を昇進させよう旋風は、これからかなり長い間、続きます。ですから、自分で自分の仕事の上限を勝手に決めたとしても、周りがそれ以上を要求するような事態は、今後より多く発生するのです。

自分の先輩たちが、この程度までの仕事しかしてこなかったから、自分もそのくらいでよいだろうという経験則は、これからは当てはまりません。もちろん、周りからの評価と自分の業績が一致したときは、という限定がつきますが。

女性だからサブ的な仕事でよい、女性だから表に出ない方がよいという自分が勝手につけた「女性タグ」をこの際一度外してみると、世の中がもっとすっきり見えるはずです。

その上で自分らしいリーダーシップのあり方をつくり上げる。誰かに押しつけられた像を演じ続けるには、苦痛がともないます。自分がどのように振る舞いたいのか、どう振る舞うと自分にとって心地よく、組織やチームのためになるのか。その共通項を探すことから自分なりのリーダーシップは、できあがるのです。

まず、自分をとことん見つめること
考え方のクセをつかもう

教室で学生たちに、必ずする話があります。「自分の思考傾向を知りなさい」ということです。本書の言葉を使うと、「自分のマインドセットを知りなさい」です。これは自分でしかわかりません。どんなに過激なマインドセットを持とうと、どんなに偏狭なマインドセットを持とうと、本当のところは本人しかわからないのです。

自分のマインドセットを知ることとは、自分の考え方のクセを知ることです。自分にどのような思考の傾向があるのかを知っておくことは、自分の行動やリーダーシップのあり方を考えるときに、非常に役に立ちます。

たとえば、糖尿病の人は毎夕食に焼き肉をチョイスして脂身たっぷりの肉を大量食いしないはずです。痛風の人は、ビールを樽で飲まないでしょう。スポーツ選手は、自分の体を考えて食事をするはずです。

マインドセットも一緒です。自分にどのような思考傾向があるのかを知っておくことで、対策を立てることができます。自分は「新しいアイデアを突然目の前に出されると、最初は必ず否定から入る」という新規性を否定するマインドセットを持っているならば「ダメです」とか「嫌です」と口に出すのは止めることからはじめましょう。

まず、自分を知ること。その上で自分なりのリーダーシップのあり方を考えるべきです。女子力満載の気遣いマネージャーであることを周囲から求められたとしても、無理に演じる必要はありません。自分と向き合う。その後で、要求されている要素の中で自分が望んだものは取り入れればよいし、望まないものは自分なりのやり方で対応して結果を出していけばいいのです。

女性たちへ　今日から腹をくくろう
自分の人生は、自分でデザインする覚悟で

人口減少という私たちの国にとっては好ましくない現象の影響を強く受けて、日本では有史以来初の「女性を昇進させよう旋風」が吹いています。多くの人々が心からこの旋風を支持し、応援しているかというと疑問符がつきますが、少なくとも面と向かって反対で

きない状態であることは間違いありません。

女性にとっては前途が開かれた時代とも言えますし、苦難がはじまった時代とも言えます。本人たちの考え方次第です。

一つ確実に言えることは、女性たちが腹をくくらなくてはいけない時代になったということです。何らかの形でマネジメントに係わることを求められるようになり、これからは逃げられません。昭和の時代や平成の中頃まで、「お気楽ＯＬ」という言葉がありました。意思決定や社内調整といったことに拘わらず、昇進も関係なく気楽に働き、好き勝手を口にして結婚やその他で退職する。男性の昇進は決して邪魔しない。こんな女性たちを揶揄して使われていたものです。

女性のビジネスパーソンのほとんどが「お気楽ＯＬ」でいることが、むしろ求められていた時代でした。しかし、お気楽ＯＬでいられる人は、今後、限られて来ます(そういう意味では希少価値かもしれません)。彼女たちの仕事は、ＡＩによって確実に減少するからです。

多くの女性は、自分が昇進してやっていけるのかという疑問を持つでしょう。自信がないというのは、女性が共通して持つ悩みだからです。しかし、月並みですが最初からマネージャーであった人は、稀です。同族会社だったら別ですけれども。試行錯誤を繰り返して前に進む以外、道はないのです。傷つくこともあるでしょうが、成功の果実もある。

男性は自信満々でマネージャー職についているように見えるかもしれません。しかし、彼らだって試行錯誤を繰り返している。もともと男性は、子どもの頃から弱みを見せないコミュニティで育っていることが多いですから、不安や動揺を顔に見せないトレーニングがなされているだけです。これは、性質として不安をみせないというよりも、弱みを見せたら負けという環境で育てられてきた影響です。

わざわざ嫌われる必要はありませんが、仕事で嫌われるのは仕方がないことだと諦めることです。心が弱ったら、仲間に真情を吐露すればいい。そして立ち直る。同じ立場、同じことを経験している仲間からなるネットワークの構築は、いまからでもはじめるべきです。そして、「すべての人から嫌われたくない」という気持ちを捨てることです。

現在は過渡期です。女性マネージャーの数は少ないし、一挙手一投足を周囲が興味を持って見ています。そのプレッシャーがあるのは、仕方がありません。これも時間と、女性マネージャーが多くなることで解決します。

腹をくくって自分の人生を自分でデザインする。周囲の思惑を考えずに、自分で自分の道を決める。一歩踏み出す勇気を持って進むことなしには、何も開けません。

〈女性たちのチェックリスト〉

腹をくくれ

1. 女子マインドセットを捨てる
2. 嫌われる勇気を持つ
3. 言語化し、主張する
4. 可視化能力を磨く

おわりに

日本はまさに過渡期にあります。人口減少が引き金となって、いままでの「おじさんコミュニティ」が主体の社会から、いろいろな人が共存する社会に変化せざるをえない。環境変化に企業も、社会も、そして人々も戸惑い、どう振る舞うのか試行錯誤を繰り返しているのが現状です。

人間が変化するのには時間がかかります。長年、慣れ親しんだものからの転換であれば余計にです。

ラテン語にFestina Lente(フェスティナレンテ)ということわざがあります。直訳するなば「ゆっくり急げ」という意味です。求めるものにたどり着くには、早急にやり過ぎては失敗する。しかし、ゆっくりやり過ぎても失敗する。ローマ皇帝アウグスティヌスが座右の銘としたこの言葉は、転換期にある私たちの国の変化のしかたを示しているものと思います。

ゆっくりと人々を育成しながら、しかし、素早く何度も「トライアンドエラー」を繰り返し、新しい時代の道を切り拓く。まさにあなたとその旅に出ていると思っています。

本書は生産性出版の村上直子さんの「先生、もう一冊女性マネージャーの本を出しましょう」のひと言からはじまりました。

前著で、女性マネージャーについては一段落。世の中も飽きたのではないかとの私の問いに、「いままさに、時代は女性マネージャーをどう扱ってよいかわからず困っているのです。必要です！」との即答。一夏を投入したプロジェクトがはじまりました。村上さんがいなければこの本はありませんし、書き終わることもできませんでした。心からお礼を申し上げます。

そして、本をつくるときのディスカッションにつき合ってくださった「女性マネージャーの働き方改革2・0／ケースディスカッションチーム」の明石友宏さん、阿部大介さん、今岡雄一さん、上薗真也さん、加藤貴子さん、籠田淳子さん、小林正明さん、加藤美貴子さん、金山素子さん、川村基寿さん、キム・スヌンさん、黒田克己さん、桑名幸子さん、小林由美子さん、下川照代さん、関谷透さん、瀬戸遼子さん、高木佳子さん、高橋憲弘さん、田中奈穂美さん、中澤貴丈さん、鶴ヶ谷典俊さん、内藤慧さん、西田明紀さん、橋本博美さん、長谷川誉子さん、平井健さん、平林正洋さん、藤田るり子さん、二見茜さん、別府紀子さん、前澤優太さん、町岡真樹さん、毛利素子さん、最上雄太さん、安井祐子さん、吉澤幸太さん、本当にありがとうございました。

多くの教え子が集まってくれて教師冥利に尽きました。

そして、慶應丸の内シティキャンパスの慶應ＭＣＣ黒田恭一さんは校正にアイデアにと、全方位で手伝ってくださいました。彼の力がなければ大きな顔をして教壇に立つことはできませんでした。感謝です。同じく慶應ＭＣＣ鈴木ユリさんには、頭が上がりません。

また、慶應ＭＣＣ「強い組織をつくるリーダーシップ」講座受講生のみなさんとのディスカッションは、いつも刺激的でした。お茶の水女子大学徽音塾《きいんじゅく》のみなさん、公益財団法人二十一世紀職業財団の女性管理職講座のみなさん、高松和子さんには最前線の女性管理職について意見をいただき、それらがこの本のバックボーンとなっています。小宮山宏先生をはじめ、ＴＭ研究会のメンバーには、常に知的な刺激と興奮をいただいています。心よりお礼を申し上げます。

この本の図表の多くは、慶応義塾大学理工学部の大学院生原戸宏輔君がつくってくれました。感謝です。

勤務先の法政大学経営大学院イノベーション・マネジメント研究科の同僚のみなさん、五月女健治先生、石島隆先生、豊田裕貴先生、玄場公規先生、ケネス・ベクター先生、松本敦則先生、事務のみなさんは執筆で頭が動かない私を常に助けてくださいました。職場の先輩であり、畏兄のお二人、小川孔輔先生、米倉誠一郎先生には、常に励ましとアイデアをいただきました。

研究パートナーの慶應義塾大学横田絵理先生、高千穂大学恩藏三穂先生、大学院時代からの恩師の名古屋商科大学髙木晴夫先生、メンターの静岡県立大学奥村昭博先生と日本医師会の横倉義武先生にも感謝を申し上げます。

盟友本間浩輔さんとのディスカッションで彼の「だからさあ」という言葉とともに新しい視点を得るのが楽しみでした。経営と人事の生の声を聞かせてくださる渕辺美紀さん、冨原加奈子さん、前田貴子さん、前田裕子さん、名嘉村裕子さん、豊川さやかさん、西浦結香さん、内山祥子さん、高橋泰代さん、山田雅之さん、村山由香里さん、毛見純子さん、石井亮さん、中村美穂さん、感謝です。

溝口敬子さん、溝口登志子さん、菊池正さんにはいつも助けていただきました。何より、法政大学MBAの私のゼミの現役生、卒業生のみなさんのパッションがすべての原動力になっています。教え子に恵まれて幸せです。心からお礼を申し上げます。

最後に高田良一と高田圭、そして父、仁谷正明の存在は私の元気の源泉です。父を助けていただいているシルバーピア加賀のみなさんにも感謝です。外で走り過ぎて、家の中で抜け殻となっている私自身の働き方改革も行われなければと、思っている次第です。

すべての感謝を込めて

著者

注 釈

第1章（17～45ページ）

1 平成21年度内閣府 『少子化施策の点検・評価のための利用者意向調査』HTML版　P.19

2 高田朝子（2016）『女性マネージャー育成講座』生産性出版　P.28

3 大和総研レポート（2018）「女性の昇進意欲を左右する基幹的職務体験」P.35

4 21世紀職業財団（2018）「女性正社員対象女性活躍状況調査」 P.36

第2章（47～88ページ）

1 この種の考え方の枠組みを心理学ではフレーム、スキーマといい、認知科学ではメンタルモデルと呼ぶ。その厳密な定義は違うが、大まかに見て共通している。　P.49

2 高田朝子 「女性管理職育成についての定性的調査からの一考察 昇進の背中をおした事象とは何か」『経営行動科学』第26巻　経営行動科学学会　第3号pp233-248,2013　P.87

第3章（89～131ページ）

1 少数の法則　エイモス・トベルスキーとダニエル・カーネマンによって提唱された行動経済学の考え方の一つ。少ないサンプルによって得られた統計的な結果を無意識のうちに正しいと思い込んでしまう人間の性質のこと。　P.91

2 Kahneman, Daniel, and Amos Tversky (1979) "Prospect Theory: An Analysis of Decision under Risk," *Econometrica 47*, March, pp. 263-291. P.106

3 Tajfel, H. & Turner, J. C. (1979). An integrative theory of intergroup conflict. "In W. G. Austin & S. Worchel (Eds.), *The psychology of intergroup relations*." CA : Brooks-Cole. pp. 33–48.　P.107

4 Tajfel, H., Billig, M. G., Bundy, R. P., & Flament, C. (1971). "Social categorization and intergroup behaviour." *European Journal of Social Psychology*, 1, 149-178.　P.108

5 サイレントキラー《静かな殺し屋の意》それとわかる症状が現れないまま進行し、致命的な合併症を誘発する病気のこと（デジタル大辞泉より）P.125

第4章（133 ～ 169ページ）

1 西田裕紀子・丹下智香子・富田真紀子・安藤富士子・下方浩史(2012).「高齢者の抑うつはその後の知能低下を引き起こすか:8年間の縦断的検討」『老年社会科学』34, 370-381　日本老年社会科学学会　P.142

第5章（171 ～ 203ページ）

1 日本生産性本部「平成31年度 新入社員働くことの意識調査」(https://activity.jpc-net.jp/detail/mcd/activity001538.html)　P.174

2 Kato Takao, Kawaguchi Daiji and Owan Hideo (2013) "Dynamicsofthe Gender Gapin the Workplace : An Econometric Case Study of a Large Japanese Firm." RIETI Discussion Paper Series 13-E-038.　P.177

3 メイプスドッジ・メアリー(石井桃子訳)『銀のスケート-ハンス・ブリンカーの物語(改訂版)』岩波文庫(1988)　P.179

4 小池和男(1981)

『日本の熟練』有斐閣

若林満(1987)「管理職へのキャリア発達:入社13年目のフォローアップ」『経営行動科学』2(1), 1-13, 経営行動科学学会

竹内洋(1995)『日本の目利得らしー構造と心性』東京大学出版会

今田幸子・平田周一(1995)『ホワイトカラーの昇進構造』日本労働研究機構　P.186

5 高田朝子(2016)横田絵理(2015)「日本企業の女性上級管理職が持つ人的ネットワークと昇進についての一考察 ―定性調査を中心として―」『イノベーション・マネジメント』Vol12. Pp3-15　P.188

6 高田朝子『女性マネージャー育成講座』生産性出版　P.198

第6章（205 ～ 236ページ）

1 通称日経連、1948年に発足された労働問題を取り扱う全国的な経営者団体。財界4団体の一つ。2002年に経団連と統合　P.209

2 Lakeoff,R. (1973)" Language and Woman's Place" *Language in Society*, Vol. 2, No. 1, pp. 45-80　P.223

3 宇佐美まゆみ(2003)「異文化接触とポライトネス -ディスコース・ポライトネス理論の観点から-」『国語学』54(3)、国語学会: 117-132. 16頁. P.223

著者プロフィール

高田 朝子

たかだ　あさこ

法政大学ビジネススクール 教授

経営大学院イノベーション・マネジメント研究科

慶應丸の内キャンパス（慶應MCC）客員コンサルタント

モルガン・スタンレー証券を経て、サンダーバード国際経営大学院にて国際経営学修士、慶應義塾大学大学院経営管理研究科にて、経営学修士。同博士課程修了、経営学博士。専門は組織行動。主な著書に『人脈のできる人』『危機対応のエフィカシー・マネジメント』（ともに慶應義塾大学出版会）『女性マネージャー育成講座』（生産性出版）ほか。

女性マネージャーの働き方改革2.0

「成長」と「育成」のための処方箋

2019年11月5日　初版第1刷

著　者　高田 朝子
発行者　髙松 克弘
発行所　生産性出版
〒102-8643　東京都千代田区平河町2-13-12
日本生産性本部
電　話　03(3511)4034
https://www.jpc-net.jp/

印刷・製本　株式会社サン
カバー&本文デザイン　株式会社サン
図版デザイン　齋藤 稔（株式会社ジーラム）
編集担当　村上 直子

乱丁・落丁は生産性出版までお送りください。お取り替えします。
ISBN978-4-8201-2096-4